KB139993

일본
신화
이야기

일본
신화
이야기

※ 민병훈 역주 ※

책머리에

스사노오로부터 오오쿠니누시, 호오리로 이어지는 일본 신화의 주인공들에게서 나타나는 공통된 특징은 모두 장자가 아니라는 점이다. 또한, 각각 추방이나 도주, 또는 피신 등의 형태로 본거지를 떠나게 되지만, 자신에게 주어진 시련을 극복하고 지상의 지배사로 거듭난다는 점에서 닮아있다.

물론 신화에서 종국적 지배의 논리는 천손에 국한되어 있지만, 스사노오가 야마타노오로치를 퇴치하고 궁을 조영한다거나 오오나무지가 스사노오의 3종 신기를 훔쳐 달아나 자신을 학대하던 야소신들을 굴복시키고 오오쿠니누시로 변모하는 것은 지배자의 권한을 취했다고 볼 수 있는 대목이다.

천상(다카마노하라)에서는 지상(아시하라)의 통치자로서 집요하리만치 '태자(日嗣の御子)'라는 존재가 의식되고 있고, 태자인 오시호미미가 지상 통치를 명령받지만, 오시호미미가 두 번에 걸쳐 지상 강림을 거부하고 그의 아들 니니기를 천거함에 따라 소위 천손이라 일컫는 니니기가 강림하기에 이른다.

그런데 가만히 살펴보면 니니기는 천손이라고는 하나, 아메노호아카리(天火明命)에 이어서 태어난 오시호미미의 차자(次子)다. 그러고 보면 결국 니니기도 앞에 나열한 신화의 다른 주인공들과 마찬가지로, 지상 세계가 장자에 의해 지배되는 구조의 이야기를 만들고 있지 않은 것을 알 수 있다. 한국의 단군 신화에서 환인의 서자였던 환웅이 지상으로 강림하는 것처럼 니니기 또한 천상의 권좌를 계승할 신분이 아니라는 사실이 드러난다.

다만, 천상에는 아마테라스 외에 지상신(至上神)인 다카미무스히(高御産巣日神)가 있고 지상의 평정에서 강림에 이르기까지 이 신이 깊이 관여하고 있는 것을 알 수 있다. 특히 『일본서기』는 정벌자의 파견에서 니니기의 강림에 이르는 과정에 모두 주재신이라고 일컬어지는 다카미무스히가 권한을 장악하고 있는 것 같은 서술 형태를 띠고 있다. 그것이 무엇을 의미하는지 다양한 해석이 가능하겠지만, 니니기가 다카미무스히의 혈통 아래에 있다는 사실로 지상 세계 지배의 정통성을 부여하고 있는 것을 확인할 수 있다.

아마테라스와 스사노오의 점술 대결 과정에서 태어난 두 번째 아들 아메노호히(天の菩比神)는 정토자로 파견되지만, 오오쿠니누시(大国主神) 편에 붙어 복명을 하지 않는데, 이 같은 내용에는 스사노오와의 친연 관계가 의식되고 있다고 말할 수 있다. 강림하는 니니기가 스사노오나 오오쿠니누시와 직접적으로 관계가 없는 오오야마쓰미의 딸 사쿠야비메를 아내로 맞이하는 것도 그런 이유에서일까.

천상계 신들이 상의를 거쳐 지상 정벌에 파견하는 신 중에는 아마테라스의 차자(次子)도 있고, 혹은 아마테라스의 혈통을 잇지 않은 자도 있지만, 통치권은 아마테라스와 다카미무스히 양쪽 혈통을 이어받은 자의 것으로, 지상의 권좌를 탈취하려고 했던 아메노와카히코는 다카미무스히에 의해 처형당해, 야심의 말로가 어떤 것인지 시사하고 있다. 아메노와카히코에게는 신들에게 부여되는 '가미(神)'나 '미코토(命)'와 같은 호칭도 없거니와, 8일 밤낮으로 장례를 치르는 모습이 확인되는데, 이 같은 묘사는 신성이 박탈되어 죽는 인간과 다를 바 없는 존재로의 전락을 가리키는 것은 아닐까.

이렇게 천손 니니기는 지상의 초대 왕자(王者)로서 나라의 통치를 위임받은 주인공이 된다. 그러나 천상신들에 의해 선택된 천손이라고 해도 전술한 것처럼 니니기는 아메노호아카리에 이어서 태어난 차자라는 점에서 신화의 여타 주인공들과 다를 바 없다. 니니기는 지상에 강림해서 여자를 만나고 그 사이에서 아이가 태어나자 이야기의 중심에서 사라지고, 뒤이어 장남이 아닌 삼남 호오리가 통치권을 갖게 된다.

　장자가 아닌 자가 권력을 장악하는 일이 지상 세계의 상식이라고는 할 수 없겠으나, 권력이라고 하는 것은 힘의 논리에 따라 강한 쪽으로 이동하게 되어 있다는 사실을 정당화하려는 의도가 엿보인다. 실제로 장자가 아닌 자의 반역이나 모반 등의 사건을 장자로부터 박해를 받는 내용으로 바꾸고 본거지를 떠나 유리하는 영웅의 시련담으로 각색했을 가능성이 농후하다. 그리고 최종적으로는 힘을 축적한 동생이 귀환하여 장자를 굴복시키고 왕좌를 장악한 것으로 꾸며, 지배를 정당화하는 이야기를 구축하는 것이다.

　즉 장자가 아닌 자가 정부를 전복시키고 권력을 장악한 경우, 그에 상당하는 대의명분이 필요했을 것이다. 역사적으로 보면 덴지(天智) 천황이 사망한 후 동생인 오오아마(大海人) 황자가 672년에 진신 난(壬申の乱)이라는 반란을 일으켜 당시의 권력자인 덴지 천황의 아들 오오토모(大友) 황자의 정부군을 굴복시키고 권좌에 앉는다. 이 사건 이후에 『고사기』 편찬이 기획되었다는 사실을 염두에 두면, 신화 제작에 정치가 개입하고 역사적 사건이 다양한 형태로 각색되어 이야기 속에 산재해 있을 가능성은 매우 농후하다고 할 수 있을 것이다.

역병의 해 8월, 소생을 기원하며

민병훈

일러두기

- 『고사기(古事記)』 본문은 일본 쇼가쿠칸(小学館)의 <일본 고전 문학 전집(日本古典文学全集)> 『고사기』와 고단샤(講談社) 학술 문고 『고사기』를 원전으로 삼아 한국어로 옮겼다.
- 지명, 특히 '나라'나 '지방'을 가리키는 '~くに(国)'는 경우에 따라 '~국'과 '~쿠니'로 구분하여 표기했다. 예) ① 이즈모국(出雲国), 이나바국(稲葉国), 쓰쿠시국(筑紫国) ② 요미노쿠니(黄泉の国), 네노쿠니(根の国), 아시하라노나카쓰쿠니(葦原の中国) 등
- 동일한 낱말이라도 첫소리가 어두에 올 때와 어중에 올 때를 구분하여 달리 표기했다. 예) 도리후네/아메노토리후네, 고토시로누시/야에코토시로누시, 구니노토코타치/네노쿠니 등
- 고유명사는 현행 한글 어문 규정의 외래어표기법에 따라 표기했으나 예외로 한 것이 있다. '大'와 '小'의 발음을 구분하기 위해 '大'는 '오오'로 '小'는 '오'로 표기했다.
- 각 항의 해제는 독자의 이해를 돕기 위해 쓰기타 마사키(次田真幸)의 『고사기 전역주(古事記全訳注)』를 참고하여 붙인 것이다.
- 주석과 괄호 안에 병기한 한자, 의미 등은 독자의 이해를 돕기 위해 옮긴이가 붙인 것이다.

목차

해설과 연구

第 **1** 章

고사기 서문

01

고대 회고

  신 야스마로(安万呂)가 아룁니다. 무릇 우주의 시초에는 혼돈스럽던 천지 만물의 근원이 드디어 엉겨서 굳어지고, 모든 생명체의 조짐과 형태는 아직 확실히 드러나지 않은 상태였습니다. 그것은 무어라 이름 붙일 수도 없고 어떠한 움직임을 하는지도 알 수 없었습니다. 누가 그 진정한 모습을 알 수 있겠습니까. 그렇지만 이윽고 하늘과 땅이 처음으로 분리되자 아메노미나카누시 신(天之御中主神), 다카미무스히 신(高御産巣日神), 가미무스히 신(神産巣日神) 이렇게 세 신이 창조의 맨 처음에 나타나고, 또한 음(陰)과 양(陽)이 그때 나뉘고, 이자나기(伊耶那岐), 이자나미(伊耶那美) 두 신이 만물을 낳은 부모가 된 것입니다.

  이런 일이 있고 나서 이자나기노 미코토는 죽은 여신을 좇아 요미노쿠니(黄泉の国)를 방문하였다가 다시 현세로 돌아와 목욕재계하는데 눈을 씻을 때 일신(日神)과 월신(月神)이 나타나고, 해수에 몸을 담갔다 꺼냈다 하며 몸을 씻을 때 많은 신이 생겨났습니다. 이 같은 과정을 통해 천지 만물의 태초는 한없이 깊고 어두워 명확하지 않지만, 신대로부터의 오랜 전승을 통해, 국토를 잉태하고 섬

들을 낳을 때의 일을 알 수 있고, 태초의 상황은 아주 오랜 일이라 잘 모르지만, 선인들에 의해 신들을 낳고 인간을 낳은 당시의 세상사를 알 수 있는 것입니다. 천상의 바위굴 문(天の岩屋戸) 앞에서 신들이 비쭈기나무 가지에 거울을 걸고 아마테라스 대신(天照大御神)을 맞이하고, 천상의 우물(天の真名井)에서 점을 칠 때 스사노오노 미코토(須佐之男命)가 아마테라스가 건넨 옥을 씹어 뱉자 그 안개 속에서 천상의 승계자인 아메노오시호미미노 미코토를 비롯하여 남신 다섯이 태어나 그 이래 황통이 면면히 이어져 온 사실, 그리고 아마테라스가 스사노오로부터 건네받은 검을 씹어 뱉어낸 안개 속에서 무나카타(宗像)의 세 여신이 태어나고 더욱이 스사노오가 이무기를 베고 나서 구시나다히메(櫛名田比売)와 결혼하여 그 자손이 된 신들이 번영했다는 사실 등을 알 수 있는 것입니다. 그리고 신들이 천상의 야스노카와 강(天の安河) 강가에서 회의한 결과 다케미카즈치 신(建御雷神)이 사자(使者)로 선택되어, 이나사(伊那佐)의 오바마(小浜)에 내려와 오오쿠니누시 신(大国主神)에게 국토를 넘기도록 설득하여 국토를 평정하였습니다.

이에 따라 황손 니니기노 미코토(邇邇芸命)는 처음 다카치호(高千穂)의 봉우리에 내려오고, 가무야마토노 스메라미코토(神倭天皇)는 히무카(日向)에서 야마토(大和)를 향해 아키즈시마(秋津島)를 거쳐 나아온 것입니다. 그 도중에 구마노(熊野)의 강에서 이상한 곰을 만났을 때 그 사악한 기운을 물리칠 천상신의 검을 다카쿠라지(高倉下)의 창고 안에서 얻고, 요시노 강(吉野川)에서는 꼬리가 있는 사람이 길을 막는 일이 있었으나, 야타가라스(八咫烏)[1]의 인도로

---

1) 큰 까마귀.

구마노에서 요시노로 들어오신 것입니다. 오사카(忍坂)에서는 가무(歌舞)를 신호로 하여 적군(賊軍)을 물리치고 평정하셨습니다. 그리고 스진(崇神) 천황은 꿈속에서 신의 가르침을 깨달으시고 천신지기를 숭경하셨습니다. 이로 인해 현명한 군주라고 불리고 있습니다. 다음으로 닌토쿠(仁德) 천황은 민가에서 피어오르는 밥 짓는 연기가 적은 것을 바라보시고 노역을 줄여 인민에게 자비를 베푸셨습니다. 지금도 여전히 성제(聖帝)라고 일컬어지고 있습니다. 세이무(成務) 천황은 오우미(近江) 궁에서 정사를 행하시고 각 지방의 경계를 정하여 국토를 개발하셨습니다. 인교(允恭) 천황은 아스카(飛鳥) 궁에서 천하를 다스리고 성씨를 바로잡으셨습니다. 이처럼 역대 정치에는 각각 완급이 있고 화려함과 소박함의 차이는 있었습니다만, 어느 치세에서도 옛 사적을 중히 여겨 풍교(風敎)와 도덕이 무너진 것을 바로잡고, 작금의 추세를 명확히 파악하여 도리의 규범이 끊어지려는 것을 보강하지 않은 적이 없었습니다.

<해제>

오오노 야스마로가 기록한 『고사기』의 서문(序)은 야스마로가 『고사기』 3권을 찬록(撰録)하여 겐메이 천황에게 바칠 때의 상표문(上表文)이다. 이 서문은 3단으로 구성되어 있으며, 제1 단에서는 신대로부터 인교(允恭) 천황까지의 옛 전승을 간결한 문구로 논하고 있으며, 마지막으로 옛 전승의 의의를 기록하여 결말로 하고 있다. 문장은 사륙변려체(四六駢儷体)라고 불리는데, 네 자와 여섯 자의 구를 기본으로 하고 대구(対句)를 많이 사용한 화려한 한문이다. 이 서문을 기록할 때 야스마로가 참고하고 전거(典拠)로 한 문헌이 적지 않은데, 그중에서도 당나라의 장손무기(長孫無忌)가 쓴 『진오경정의표(進五経正義表)』 및 『진률소의표(進律疏議表)』의 자구를 따른 부분이 많은 것은 이미 잘 알려져 있다. '혼원(混元)', '기상(気象)', '건곤(乾坤)', '음양(陰陽)', '태소(太素)' 등의 말이 중국의 서적을 근거로 하고 있다는 사실은 새삼 언급할 필요가 없다. 또한 "서문의 역대 정치에는 각각 완급이 있고 화려함과 소박함의 차이는 있었습니다만"이라는 문구가 『진오경정의표(進五経正義表)』의 "수보취부동질문유이(雖歩驟不同質文有異)"에서 인용했다는 것은 명백한 사실이다.

그런데 1단에는 이자나기, 이자나미 두 신의 '국토 낳기', '신 낳기', 아마테라스, 쓰쿠요미의 화생, 천손 강림 등, 신대(神代) 전승의 요점을 서술하고 진무, 스진, 닌토쿠, 세이무, 인교 각 천황의 치적으로 전해지는 사실을 중점적으로 기록하고 있다. 마지막은 "옛 사적을 중히 여겨 풍교(風教)와 도덕이 무너진 것을 바로잡고, 작금의 추세를 명확히 파악하여 도리의 규범이 끊어지려는 것을 보완하지 않은 적이 없었습니다."라는 문구로 마치고 있다. 이에 따르면 『고사기』가 편찬되었던 시기에는 신화나 전설 등 옛 전승의 내용은 있는 그대로 고대의 사실로서 여겨지고 있었으며, "옛 사적을 중히 여겨 작금의 추세를 명확히 파악하여(稽古照今)"라는 말이 가리키고 있는 것처럼 옛 전승을 정치나 도덕에 활용하고 규범으로 삼으려는 의식이 강했던 것을 알 수 있다. 신화와 전승에 대한 이 같은 사고가 비과학적이라는 사실은 말할 필요도 없다. 『고사기』 찬록의 동기와 목적에 관해서는 서문의 2단에 구체적으로 기록되어 있다.

02

덴무 천황과 『고사기』 편찬의 의도

아스카(飛鳥) 기요미하라(淨御原)의 큰 궁에서 천하를 통치하신 덴무(天武) 천황은 황태자 시절에 이미 천자다운 자질을 겸비하고 계셨지만, 호기가 도래하자 그에 응하여 천자에 걸맞은 덕을 나타내셨습니다. 즉 꿈속에서 들은 노래를 황위를 계승할 의미라고 판단하시고, 한밤중 요코가와 강(橫河)에서 하늘에 검은 구름이 펼쳐지는 것을 보고 마침내 제위를 계승해야 한다는 사실을 예지하셨습니다. 그러나 천운이 열릴 때가 아직 이르지 않아 오우미(近江)를 떠나 몸을 요시노 산(吉野山)에 숨기시고 출가하셨지만, 이윽고 사람들도 많이 모였기 때문에 오우미 조정과 싸우기 위해 위풍당당하게 동국으로 진군하셨습니다. 황태자가 타신 가마는 요시노 궁에서 신속히 나가 산을 넘고 강을 건너고, 그 군대는 천둥과 같은 위세를 떨치고 황자인 다케치 황자(高市皇子)의 군은 번개처럼 진군했습니다. 군사가 가진 무기가 위력을 나타내자 용맹스러운 병사가 사방에서 연기처럼 일어나고, 이 군대를 상징하는 붉은 깃발에 병기가 번뜩이자 적군은 기와지붕이 한꺼번에 무너지듯 패퇴해 흩어졌습니다. 아직 스무날도 지나지 않은 사이에 적의 사악한 기운은 스스로 진정되고 난은 평정된 것입니다. 그 후 전쟁에 사용된 소나 말은 원래 있던 산과 들에 풀어 주어 쉬게 하고, 황태자와 군사는 교만한 마음을 품지 않고 평인하게 야마토에 돌아오셔서 깃발을 감아 말고, 무기를 거두고, 노래와 춤의 환희 속에서 아스카(飛鳥) 도성에 머무르셨습니다.

이렇게 하여 닭의 해(673) 2월에 기요미하라(淨御原)의 큰 궁에서 즉위하셨습니다. 그 정도(政道)는 중국의 황제보다도 뛰어나고 성덕은 주(周)나라의 문왕(文王)이나 무왕(武王)보다 우월하셨습니다. 삼종의 신기(三種の神器)를 승계하여 천하를 통치하고, 황통을 이어받아 멀리 구석구석의 지방들까지 남김없이 통합하셨습니다. 천황의 정치는 음양오행이 올바르게 운행하고 우리나라 고유의 신도(神の道)를 부흥시켜 양속(良俗)을 장려하고 우수한 덕풍(德風)을 널리 펼치어 영향 아래 있는 지방의 범위를 넓혔습니다. 그뿐 아니라 사물의 도리를 아는 바다처럼 광대한 지혜는 상고의 사적을 더욱 깊이 탐구하고, 거울처럼 빛나는 마음은 선대의 사적을 꿰뚫어 보셨습니다.

여기서 천황은 "짐이 들은 바에 따르면 제가(諸家)가 전수하여 가지고 있는 제기(帝紀)와 구사(旧辞)는 이미 진실과 다르고 거짓이 많이 포함되어 있다고 한다. 지금 이 시기에 그 오류를 바로잡지 않으면 몇 년 지나지 않아 그 본지는 사라져 버릴 것이다. 이 제기와 구사는 곧 국가 조직의 근본이 되는 것이고 천황 정치의 기초가 되는 것이다. 그런 이유로 제기를 책으로 엮고 구사를 면밀히 검토하여 거짓을 제하고 진실을 정하여 후세에 전하고자 한다." 말씀하셨습니다.

당시 도네리(舎人)²)가 있었는데 그 성은 히에다(稗田)이고 이름

---

2) 주군인 천황이나 황족 가까이에서 시중을 들던 자.

은 아레(阿礼)라고 하여 나이는 28세였습니다. 태어나면서부터 총명하여 한 번 본 문장은 잊지 않고 암송하고, 한 번 들은 이야기는 마음에 담아 잊는 일이 없습니다. 그런 연고로 천황은 아레에게 명하시어 제황(帝皇)의 계보와 선대의 구사를 읽어 익히게 한 것입니다. 그러나 덴무 천황은 붕어하시고 세상이 바뀌어 아직 편찬사업 시행에는 이르지 못했습니다.

<해제>

서문(序)의 제2단에는 먼저 오오아마 황자(大海人皇子)가 진신 난(壬申の乱)에서 오우미(近江) 조정 군과 싸워 승리를 얻고, 아스카의 기요미하라 궁에서 즉위하여 나라를 통치했다는 사실을 기록하고 있다. 이 부분도 마찬가지로 문선(文選)이나 상서(尚書), 『진오경정의표(進五経正義表)』 등의 전적(典籍)을 출전으로 한 어구가 곳곳에 확인되며, 윤색된 한문이 사용되고 있다.

제2단의 후반부에는 덴무 천황이 제기(帝紀)와 구사(旧辞)를 검토하여, 오류를 바로잡고 진실을 정하여 후세에 전하고자 계획한 사실이 기술되어 있다. 이것이 『고사기』 찬록의 단서가 되고 있다. 제기와 구사는 『고사기』 편찬 시 중요 자료가 되고 있는데, 덴무 천황은 제기와 구사를 "국가 조직의 근본이 되는 것이고 천황 정치의 기초가 되는 것", 즉 천황 정치의 기본으로서 중요시한 것을 알 수 있다.

"국가 조직의 근본이 되고 천황 정치의 기초가 되는 것"은 『진오경정의표(進五経正義表)』의 "사내방가지기(斯乃邦家之基), 왕화지본자야(王化之本者也)"라는 구에 따른 것이라고 알려져 있는데, 『고사기』의 내용을 이해하고 비판하기 위한 중요한 구로 평가된다. 덴무 천황은 신대나 과거의 이야기를 정치나 도덕의 근본 원리를 나타내는 것으로서 중요시했다. 『고사기』가 이른바 신화 부분과 황실 관계의 고대 설화 부분을 연결된 이야기로 통일시키고, 황실을 중심으로 황실과 국가 발전의 자취를 역사적으로 기술하려고 한 것은 그 때문이다.

히에다노 아레(稗田阿礼)에 대해서는 '도네리(舎人)'가 남성의 직책이라는 근거로 아레(阿礼)를 남성으로 보는 설이 있지만, 히에다 씨가 사루메노 기미(猿女君) 씨족이었던 사실과 그 외의 몇 가지 이유 등을 들어 히에다노 아레를 여성으로 보는 시각도 존재한다.

겐메이 천황과 『고사기』의 완성

삼가 생각해 보니 지금의 천황 폐하는 천자로서의 덕을 갖추고 계시며, 그 성은(聖恩)은 천하에 넘쳐 하늘과 땅과 사람에 이르고 백성을 사랑하십니다. 황거(皇居)에 계셔도 덕은 말발굽이 달려 머무는 땅의 끝까지 미치고, 또한 뱃머리가 항해하다 멈추는 바다 끝까지 비추고 계십니다. 길조가 나타나 햇빛은 여러 겹으로 하늘을 비추고 상서로운 구름은 하늘에 깔려 연기나 보통 구름과도 다릅니다. 더욱이 연리지(連理枝)[3]나 한 줄기에 많은 이삭을 달고 있는 벼처럼 상서로운 일들이 나타나, 관리는 기록하는 붓을 쉴 틈이 없을 정도입니다. 한편 사절의 도착을 알리는 봉화가 연이어 피어오르고, 통역이 이어질수록 먼 외국에서 헌상한 공물은 궁정의 창고에 넘쳐 비는 달이 없습니다. 이런 이유로 존함의 고귀함은 하(夏)의 우왕(禹王)보다 높고, 덕은 은(殷)의 탕왕(湯王)보다 뛰어나다고 말씀드릴 수 있습니다.

또한, 천황 폐하는 구사의 오류를 애석하게 여기시고, 혼란한 제기를 바로잡으시기 위해, 와도(和銅) 4년 9월 18일에 신 야스마로

---

3) 한 나무의 가지와 다른 나무의 가지가 서로 붙어서 나뭇결이 하나로 이어진 것.

에게 명하시기를, 히에다노 아레가 어명으로 암송하고 있던 구사를 책으로 저술하여 헌상하라 말씀하셨으므로 삼가 말씀대로 세세하게 채록했습니다.

그러나 상고에는 언어나 그 의미나 모두 꾸밈이 없어, 문장으로 나타내면 어떤 한자를 사용해야 할지 곤란할 때가 있습니다. 전부 훈(訓)을 사용하여 기술하면 글자의 의미와 고어의 의미가 일치하지 않는 경우가 있고, 그렇다고 해서 모두 음(音)을 사용하여 기술하면 문장이 심히 길어집니다. 그리하여 여기서는 어떤 경우에는 한 구 안에 음과 훈을 섞어 사용하고, 또 어떤 경우에는 하나의 사항을 기술하는 데 모두 훈을 사용하여 쓰기로 했습니다. 그리고 말의 의미를 이해하기 어려운 것은 주(注)를 달아 명확히 하고, 사항의 취지가 어렵지 않은 것은 별도로 주를 달지 않았습니다. 그리고 성씨에 있어서 '日下'를 '구사카'라 읽게 하고, 이름으로 '帶'라는 글자는 '다라시'라 읽게 하는 등, 이와 유사한 경우는 종래의 기술 방법을 따라 새로 고치지 않았습니다.

대략적으로 기록한 사항은 천지의 시초로부터 오하리다(小治田)의 치세4)까지입니다. 그래서 아메노미나카누시 신(天御中主神)으로부터 히코나기사타케 우가야후키아에즈(日子波限建鵜草葺不合命)까지의 기사를 상권으로 하고, 가무야마토이와레비코노 스메라미코토(神倭伊波礼毘古天皇)5)로부터 호무다(品陀)의 치세6)까지의 기사를 중권으로 하고, 오오사자키노 미카도(大雀皇帝)7)로부터 오하리다

---

4) 스이코 천황(推古天皇).
5) 진무 천황(神武天皇).
6) 오진 천황(応神天皇).
7) 닌토쿠 천황(仁徳天皇).

대궁까지의 기사를 하권으로 하여, 합해서 3권으로 기록하여 삼가 헌상합니다. 신 야스마로, 황공한 마음으로 아룁니다.

　와도(和銅) 5년(712) 정월 28일

　　정5위상 훈5등 오오노 아소미(太朝臣) 야스마로

<해제>

서문(序)의 3단은 먼저 『고사기』 찬록의 칙명을 내린 겐메이(元明) 천황의 성덕을 칭송하는 문장으로 시작하고 있다. 이 부분에도 『진오경정의표(進五経正義表)』를 비롯하여 『문선(文選)』, 그 외에도 중국의 고전에서 출처를 찾을 수 있는 어구가 이어져 있으며 화려한 한문으로 서술되어 있다. 오오노 야스마로의 한사에 관한 교양의 깊이를 엿볼 수 있다.

이어서 와도(和銅) 4년(711)에, 이전의 덴무(天武) 천황이 히에다노 아레에게 읽어 익히게 한 제기(帝紀)와 구사(旧辞)를 찬록하여 헌상하라는 칙명이 내린 사실을 논하고 있다. 이것이 『고사기』 성립의 직접적인 동기가 되었다. 겐메이 천황은 와도 6년(713)에 『풍토기(風土記)』의 편찬을 모든 지방에 명하고 있다. 덴무 천황이 기획한 제기와 구사를 읽어 익히게 하고 찬록하는 사업은 덴무 천황이 죽은 지 25년여 지난 와도 5년(712)에 완성된 것이다.

겐메이 천황은 덴무 천황의 조카에 해당하며 덴무 천황은 겐메이 천황의 시아버지이기도 하다. 또한, 겐메이는 덴무의 황후였던 지토(持統)와 이복자매이기도 하다. 따라서 덴무 천황의 유지(遺志)는 지토 천황에게 계승되고 겐메이에게 이어져 『고사기』의 찬록으로 실현된 것이다. 지토 천황과 겐메이 천황은 여제(女帝)이기 때문에 『고사기』의 내용이 후궁 문학적인 특색을 나타내고 있는 것도 납득이 가는 부분이다.

오오노 야스마로(太安万侶)는 칙명이 내린 수개월 후인 와도 5년(712) 정월에 『고사기』 3권을 기록하여 헌상했는데, 고언(古言)과 고의(古意)를 올바르게 전하기 위해 한자를 사용해서 기록하는데 고심한 사실이 서문의 마지막에 잘 나타나 있다.

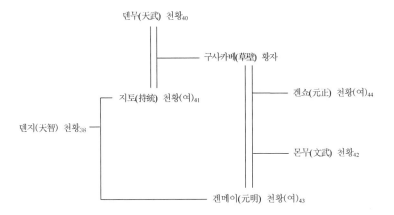

第 **2** 章

신대 신화

01

천지의 시초

하늘과 땅이 처음으로 분리되었을 때, 다카마노하라(高天の原, 천상)에 생겨난 신의 이름은 천지를 주재하는 아메노미나카누시 신(天之御中主神), 이어서 만물을 생성하는 영력을 가진 다카미무스히 신(高御産巣日神), 이어서 동일한 영력을 가진 가미무스히 신(神産巣日神)이다. 이 세 신은 모두 단독으로 생겨난 신으로 그 모습을 드러내지 않았다.

이어서, 국토가 아직 어려서 굳지 않고 물 위에 뜬 기름같이 해파리처럼 떠다니고 있을 때, 갈대의 싹이 진창 속에서 움이 트듯 밀고 올라오는 힘이 마침내 신이 된 것이 우마시아시카비히코지 신(宇摩志阿斯訶備比古遲神)이고, 다음이 아메노토코타치 신(天之常立神)이다. 이 두 신도 단독 신으로 생겨나 그 모습을 드러내지 않았다.

이상의 다섯 신은 천상신 중에서 특별한 신이다.

뒤이어 생겨난 신은 구니노토코타치 신(国之常立神), 다음이 도요쿠모노 신(豊雲野神)이다. 이 두 신도 단독 신으로 생겨나 모습을 드러내지 않았다.

뒤이어 생겨난 신의 이름은 우히지니 신(宇比地邇神), 이어서 여신인 스히지니 신(須比智邇神)이다. 다음으로 쓰노구이 신(角杙神), 이어서 여신인 이쿠구이 신(活杙神)이 생겨났다. 다음으로 오오토노지 신(意富斗能地神), 이어서 여신인 오오토노베 신(大斗乃弁神) 다음으로 오모다루 신(於母陀流神), 이어서 여신인 아야카시코네 신(阿夜訶志古泥神), 다음으로 이자나기 신(伊邪那岐神), 이어서 여신인 이자나미 신(伊邪那美神)이 생겨났다.

위에서 언급한 구니노토코타치 신부터 이자나미 신까지를 합쳐서 신세(神世) 칠대(七代)라고 한다.

<해제>

아메노미나카누시 신은 다카미무스히와 가미무스히 두 신을 통합하기 위해 새로이 설정된 추상 신이자 관념적 신이다. 중국의 '천제(북극성)' 사상의 영향을 받아 모색된 신으로 이해된다. 굳지 않은 상태의 국토를 수면에 뜬 기름이나 해파리, 혹은 물가에 돋아난 갈대의 싹으로 비유하여 기술하고 있는 것은 나니와(오사카) 부근 해변 생활의 체험에 근거하고 있는 것으로 판단된다. 우마시아시카비히코지 신은 갈대의 싹으로 상징되는 생명력, 성장력의 신격화이다. 대지의 표면을 깨고 나오는 갈대의 싹, 하루에 15센티나 자라는 갈대의 성장력을 고대인들은 경이로운 시선으로 바라보았을 것이다. '아시하라노나카쓰쿠니(葦原の中国)', '도요아시하라노미즈호노쿠니(豊葦原の水穂国)'처럼, '아시하라(갈대 벌판)'가 일본의 옛 호칭으로 사용되었던 것도 갈대가 무성한 나라, 즉 곡물이 잘 생육하는 나라라는 의미였다.

우히지니 신 이외에는 신명을 나열하여 기술한 계보형 신화이며 대지가 점차 갖춰지고 이자나기, 이자나미 두 신이 출현할 때까지를 설명한 것이다. 그러나 우히지니 이하의 신보다도 이자나기, 이자나미 두 신의 성립이 오래된 것으로 파악된다. '이 세 신', '다섯 신', '신세 칠대'처럼 3신, 5신, 7신을 거론한 것은 3, 5, 7 등의 홀수를 양(陽)으로 귀히 여기는 중국 사상에 따른 것이다.

02

이자나기와 이자나미

오노고로 섬

천상신들은 이자나기와 이자나미 두 신에게

"이 떠다니고 있는 국토를 잘 다듬어서 단단히 하라."

명하시고 신성한 창을 맡기셨다. 그런 까닭에 두 신은 천지 사이에 걸려 있는 다리 위에 서서 그 창을 아래로 내려뜨려 휘저었다. 바닷물을 휘휘 젓다가 끌어 올릴 때 그 창끝에서 뚝뚝 떨어지는 바닷물이 겹겹으로 쌓여 섬이 되었다. 이것이 오노고로 섬(淤能碁呂島)이다.

두 신은 그 섬으로 내려가 신성한 기둥을 세우고 넓은 어전을 지으셨다. 그리고 이자나기노 미코토가 여신인 이자나미노 미코토에게

"그대의 몸은 어떻게 생겼습니까?"

물으시자, 여신은

"나의 몸은 하나하나 갖춰졌으나 갖춰지지 않은 곳이 한 군데 있습니다."

하고 대답하셨다. 그러자 이자나기노 미코토가

"나의 몸은 하나하나 만들어져 남은 곳이 한 군데 있습니다. 그러니 내 몸의 남은 이곳을 그대의 디 만들어지지 않은 곳에 끼워 넣어 국토를 낳으려고 하오. 어찌 생각하시오."

하고 물으시자 이자나미노 미코토는

"좋은 생각입니다."

하고 대답하셨다.

그리고 다시 이자나기가

"그러면 나와 그대가 이 신성한 기둥을 돌아 만나 결혼합시다."

하고 말씀하셨다. 그렇게 약속하시고 남신은

"그대는 오른편으로 도시오. 나는 왼편으로 돌아 만나지요."

라 이르시고 약속한 대로 돌 때 이자나미노 미코토가

"아아, 당신은 참으로 멋진 남자군요."

라 말하고 이어서 이자나기노 미코토가

"아아, 그대는 참으로 아름다운 처자군요."

이렇게 말하고 난 뒤, 남신은 여신에게

"여자가 먼저 말을 한 것은 좋지 않소."

하고 말씀하셨다. 그렇게 성혼 장소에서 관계하여 불구아인 히루코(水蛭子)[8]를 낳았다. 이 아이는 갈대배에 태워 흘려보냈다. 다음으로 아와 섬(淡島)[9]을 낳았다. 이 아이도 자식 수에는 넣지 않았다.

---

8) 히루(蛭)는 거머리를 가리키는 말로, 『일본서기』에서는 3년이 지났음에도 다리로 서지 못하는 아이로 묘사되고 있다.

9) 아와는 거품을 가리키며, 불완전한 섬으로 해석된다.

이자나기, 이자나미 두 신이 '국토 낳기', '신 낳기'에 앞서 먼저 오노고로 섬에 내려와 결혼하고 둘 사이에 불구아가 태어난 사건을 기술하고 있다. 오노고로 섬의 성립을 이야기하는 전승의 배경에는 아와지 섬의 어부가 바닷물을 말려서 소금을 만들던 때의 제염 작업을 연상하게 한다. 신성한 기둥 둘레를 도는 의식은 작물의 풍요를 기원하는 의미가 담겨 있으며 민간의 주술 종교적 의례에서 유래한다고 전해진다. 이 습속은 세계 각지의 농민들 사이에서 널리 행해졌다고 한다.

여성이 먼저 말을 건넨 일을 좋지 않다고 여기는 것은 중국의 '부창부수(夫唱婦隨)' 사상에 따른 것으로 불구아를 낳은 이유를 설명한 것이다. 처음에 히루코가 태어난 것은 여신이 먼저 말을 건넸기 때문이라고 되어 있지만, 본래 남매가 결혼하여 장애아가 태어났다고 하는 설화는 중국 남부에서 동남아시아에 걸쳐 널리 분포하고 있다. 갈대배에 태워 흘려보내는 이야기에는 고대의 수장 풍습을 반영하고 있는 듯하다. 그리고 거머리와 갈대는 모두 늪지대와 관계가 깊고 더욱이 거머리는 수전 경작을 하는 농민들이 혐오하던 생물로 추측된다.

두 신의 '국토 낳기'

　그래서 두 신은

"지금 우리가 낳은 아이는 좋지 않았다. 역시 천상신들이 계신 곳으로 가서 사실을 말씀드리자."

상의하고 곧바로 천상으로 함께 올라가 천상신의 분부를 기다렸다. 천상신들은 사슴의 어깨뼈를 태워 점을 치고는

"여자가 먼저 말을 건넨 것이 좋지 않았다. 다시 내려가서 제대로 고쳐 말하라."

분부하셨다. 그래서 두 신은 돌아와서 다시 그 신성한 기둥을 전과 같이 도셨다. 그리고 이자나기가 먼저

"아아, 그대는 참으로 아름다운 처자군요."

하고 말하고 이어서 여신인 이자나미노 미코토가

"아아, 당신은 참으로 멋진 남자군요."

하고 말했다.

　이렇게 말을 마친 뒤 관계를 맺어 태어난 아이는 아와지노호노사와케 섬(淡路之穂之狭別島, 아와지 섬)이다. 이어서 이요노후타나 섬(伊予之二名島)을 낳았다. 이 섬은 몸은 하나인데 얼굴은 네 개였다. 각각의 얼굴에 이름이 있는데 이요국(伊予国)[10]을 에히메(愛比売)라 말하며 사누키국(讃岐国)을 이이요리히코(飯依比古)라 하고, 아와국(阿波国)을 오오게쓰히메(大宜都比売)라 하고, 도사국(土左国)을 다

---

10) 현재, '구니(~쿠니, 国)'는 '나라'의 의미로 사용되지만, 고대에서 근세까지는 나라 외에 '현 (県)' 규모의 행정 구획을 가리키는 말로도 사용되었다. 일본의 지방명에 붙어 사용되는 경우는 일반적으로 '~지방'으로 해석된다. 그러나 신화에서 비현실세계인 황천을 나타내는 '요미노쿠니(黄泉の国)'나 일본 열도를 가리키는 '아시하라노나카쓰쿠니(葦原の中国)', 뿌리의 나라를 가리키는 '네노쿠니('根の国)' 등은 '나라'의 의미로 봐야 할 것이다.

케요리와케(建依別)라고 한다. 이어서 세쌍둥이 오키 섬(隱岐之三子島)을 낳았다. 또 다른 이름을 아메노오시코로와케(天之忍許呂別)라 한다. 다음으로 쓰쿠시 섬(筑紫島, 규슈)을 낳았다. 이 섬도 몸은 하나로 얼굴이 네 개였다. 각각의 얼굴에 이름이 있어서 쓰쿠시국(筑紫国)을 시라히와케(白日別)라 하며 도요국(豊国)을 도요히와케(豊日別)라 하고, 히국(肥国)을 다케히무카히토요쿠지히네와케(建日向日豊久士比泥別)라 하며, 구마소국(熊曽国)을 다케히와케(建日別)라 한다. 다음으로 이키 섬(壱岐島)을 낳았다. 별도의 이름을 아메히토쓰바시라(天比登都柱)라고 한다. 다음으로 쓰시마(対馬)를 낳았다. 다른 이름을 아메노사데요리히메(天之狭手依比売)라 한다. 이어서 사도 섬(佐渡島)을 낳았다. 다음으로 오오야마토토요아키쓰시마(大倭豊秋津島)를 낳았다. 다른 이름을 아마쓰미소라토요아키쓰네와케(天御虚空豊秋津根別)라고 한다. 그리고 이 여덟의 섬을 먼저 낳았기 때문에 우리나라를 오오야시마노쿠니(大八島国)라고 한다.

이렇게 오오야시마를 낳고 돌아가실 때 기비노코지마(吉備児島)를 낳았다. 다른 이름을 다케히카타와케(建日方別)라고 한다. 이어서 아즈키 섬(小豆島)을 낳았다. 다른 이름을 오오노데히메(大野手比売)라 한다. 이어서 오오시마(大島)를 낳았다. 다른 이름을 오오타마루와케(大多麻流別)라 한다. 이어서 히메시마(女島)를 낳았다. 다른 이름을 아메히토쓰네(天一根)라 한다. 이어서 치카 섬(知訶島)을 낳았다. 다른 이름을 아메노오시오(天之忍男)라고 한다. 이어서 후타고 섬(両児島)을 낳았다. 다른 이름은 아메후타야(天両屋)라고 한다. [기비노코지마에서 후타고 섬까지 합하여 여섯 섬(六島)]

<해제>

오오야시마를 비롯하여 크고 작은 섬들이 왜 이자나기와 이자나미 두 신에 의해 생성되었다고 기술하고 있는 것일까. 이자나기는 예로부터 아와지 섬의 어부 집단이 숭배하던 신이었으며, 국토 낳기의 순서가 아와지 섬으로부터 시작되고 있는 점, 그리고 『일본서기』에는 아와지 섬을 모태로 하여 오오야시마를 낳았다고 하는 전승이 보이는데, 이들을 종합해 보면 국토 낳기 신화의 원형은 이자나기, 이자나미 두 신이 아와지 섬과 그 부근의 섬들을 낳는 이야기였고, 그것이 궁정 신화로 기록되며 대규모의 오오야시마 국토 낳기 이야기로 발전한 것으로 보인다.

『고사기』에서는 아와지 섬에서 시작하여 시코쿠, 규슈, 이키, 쓰시마 순으로 세토 내해(瀨戶內海)를 지나 대륙으로 통하는 항로를 따라 서쪽으로 진행되고 있으며, 기내(畿內) 이동(以東)은 전혀 고려하고 있지 않다. 이 신화는 아와지 섬을 기점으로 하여 형성된 고대의 정치 지형을 가리키고 있다. '오오야시마'라고 하는 국호가 사용되고 있으므로 국토 낳기 신화의 성립은 7세기 후반 이후일 것으로 판단된다.

또한, 국명이나 신명에 곡물에 관련한 명칭이 많은 것과 신명에 '~와케(ワケ)'라는 이름이 많은 것은 주목할 만하다. 와케(別)는 고대 천황의 시호(諡号)나 황자의 이름에 사용된 '와케'와 관련이 있고 게이코(景行) 천황 때의 일이라고 전해지는 황자 분봉 사상과 관계가 깊다고 알려져 있다.

두 신의 '신 낳기'

이자나기와 이자나미 두 신은 국토 낳기를 끝내고, 이어서 신을 낳기 시작했다. 그렇게 처음 출산한 신의 이름은 오오코토오시오 신(大事忍男神)이며, 뒤이어 이와쓰치비코 신(石土毘古神)을 낳고 이어서 이와스히메 신(石巣比売神)을 낳고 이어서 오오토히와케 신(大戸日別神)을 낳고 다음으로 아메노후키오 신(天之吹男神)을 낳고 이어서 오오야비코 신(大屋毘古神)을 낳고 이어서 가자모쓰와케노오시오 신(風木津別之忍男神)을 낳고 다음으로 바다 신인 오오와타쓰미 신(大綿津見神)을 낳고 이어서 강어귀 신인 하야아키쓰히코 신과 하야아키쓰히메 신(速秋津日子神)을 낳았다. 오오코토오시오 신에서 아키쓰히메 신까지 합쳐서 열 신이다.

이 하야아키쓰히코, 하야아키쓰히메 두 신은 강과 바다 관련 신을 분담하여 낳았는데, 신의 이름은 아와나기 신(沫那芸神)과 아와나미 신(沫那美神), 다음으로 쓰라나기 신(頬那芸神)과 쓰라나미 신(頬那美神), 이어서 아메노미쿠마리 신(天之水分神)과 구니노미쿠마리 신(国之水分神) 이어서 아메노쿠히자모치 신(天之久比奢母智神)과 구니노쿠히자모치 신(国之久比奢母智神)이다. 아와나기 신에서 구니노쿠히자모치 신까지 합쳐서 여덟 신이다.

뒤이어 바람 신인 시나쓰히코 신(志那都比古神)을 낳고 이어서 나무 신인 구쿠노치 신(久久能智神)을 낳고 이어서 산신인 오오야마쓰미 신(大山津見神)을 낳고 이어서 들의 신인 가야노히메 신(鹿屋野比売神)을 낳았다. 이 신의 다른 이름은 노즈치 신(野椎神)이라고 한다. 시나쓰히코 신에서 노즈치 신까지 합쳐서 네 신이다. 이 오오야마쓰미 신과 노즈치 신 두 신은 산과 들 관련 신을 분담하여 낳았는데, 신의 이름은 아메노사즈치 신(天之狭土神)과 구니노사즈치 신(国之狭土神), 다음으로 아메노사기리 신(天之狭霧神)과 구니노사기리 신(国之狭霧神), 이어서 아메노쿠라토 신(天之暗戸神)과 구니노쿠라토 신(国之闇戸神), 이어서 오오토마토히코 신(大戸或子神)과 오오토마토히메 신(大戸或女神)이다. 아메노사즈치 신에서 오오토마토히메 신까지 합쳐서 여덟 신이다.

뒤이어 출산한 신의 이름은 도리노이와쿠스후네 신(鳥之石楠船神)이며 다른 이름은 아메노토리후네(天鳥船)라고 부른다. 이어서 오오게쓰히메 신(大宜都比売神)을 낳았다. 이어서 히노야기하야오 신(火之夜芸速男神)을 낳았다. 다른 이름은 히노카가비코 신(火之炫毘古神)이라고 하며, 또 다른 이름은 히노카구쓰치 신(火之迦具土神)이라고 한다. 이 아이를 낳다가 이자나미 신은 음부에 화상을 입어 병상에 누우셨다. 그때 구토에서 생겨난 신의 이름은 가나야마비코 신(金山毘古神)과 가나야마비메 신(金山毘売神)이다.

다음으로 대변에서 생겨난 신의 이름은 하니야스비코 신(波邇夜須毘古神)과 하니야스비메 신(波邇夜須毘古神)이다. 이어서 소변에서 생겨난 신의 이름은 미쓰하노메 신(彌都波能売神)과 와쿠무스히 신(和久産巣日神)이다. 이 와쿠무스히 신의 자식은 도요우케비메 신(豊宇気毘売神)이라고 한다. 그리고 이자나미 신은 불의 신을 낳은 것이 원인이 되어 마침내 돌아가셨다. 아메노토리후네에서 도요우케비메 신까지 합쳐서 여덟 신이다.

이자나기, 이자나미 두 신이 함께 낳은 섬은 모두 열네 섬, 그리고 신은 전부 삼십오 신이다. 이들은 이자나미 신이 돌아가시기 전에 태어났다. 단, 오노고로 섬은 낳은 것이 아니다. 또한, 히루코와 아와 섬은 자식의 수에 넣지 않는다.

<해제>

두 신에 의한 '신 낳기' 이야기는 신명을 나열한 계보형 신화이다. 처음에는 주거에 관한 신들이 태어나고 이어서 바다와 강 관련 신, 그리고 관개(灌漑)의 신 탄생이 기술되어 있다. 이어서 바람, 나무, 산, 들, 나아가 산야의 흙, 안개, 계곡의 신이 태어나고 배의 신, 곡물의 신, 불의 신이 태어난다.

불의 신 탄생을 기술한 부분은 불의 기원을 나타낸 신화로 보아도 좋을 것이다. 이 불신 탄생 이야기는 발화용 절구와 발화용 공이를 사용하여 불을 일으키는 고대의 발화법을 배경으로 하는 것으로 파악된다. 여기에서 발화용 공이는 남근을, 발화용 절구는 여음을 상징한다.

불신의 뒤에는 광산의 신, 점토의 신, 생산의 신, 식물의 신 등이 태어난다. 이러한 많은 신을 통해 고대인의 생활 환경과 농업 경제를 중심으로 하는 문화 상태를 어렴풋이나마 엿볼 수 있다. 이자나미 신의 오줌에서 태어난 미쓰하노메 신, 와쿠무스히 신, 도요우케비메 신은 모두 농업 생산에 관계가 깊은 신들이다. 이자나미는 대지모신(大地母神)의 성격을 지니고 있으므로 농업 문화와 특히 관계가 깊다.

불의 신 가구쓰치

홀로 남겨진 이자나기는

"사랑하는 나의 아내를 단 한 명의 자식과 바꾸게 되리라고는 생각지도 못했다."

말씀하시고, 엎드려 슬피 울며 죽은 여신의 머리맡에서 발치를 기어오갈 때 그 눈물에서 생겨난 신은 가구야마 산(香具山) 기슭 구릉 위의 나무 아래에 계신 나키사와메(泣沢女神)라는 이름의 신이다. 돌아가신 이자나미는 이즈모국(出雲国)과 호우키국(伯伎国)의 경계에 있는 히바 산(比婆の山)에 장사 지내 드렸다.

그리고 이자나기는 허리에 차고 계신 도쓰카 검(十拳剣)[11]을 빼어 그 아들 가구쓰치 신의 목을 자르셨다. 그 검 끝에 묻은 피가 신성한 바위 무리에 튀어 생겨난 신은 이와사쿠 신(石拆神)과 네사쿠 신(根拆神), 이어서 이와쓰쓰노오 신(石筒之男神)이다. 세 신에 이어서 검의 밑동에 묻은 피가 신성한 바위 무리에 튀어 생겨난 신의 이름은 미카하야히 신(甕速日神), 이어서 히하야히 신(樋速日神), 다음으로 다케미카즈치노오 신(建御雷之男神)이다. 이 신의 다른 이름은 다케후쓰 신(建布都神)이라고 하며 도요후쓰 신(豊布都神)이라고도 한다. 세 신 다음으로 검의 칼자루에 고인 피가 손가락 사이로 흘러 생겨난 신의 이름은 구라오카미 신(闇淤加美神)과 구라미쓰하 신(闇御津羽神)이다.

이상의 이와사쿠 신에서 구라미쓰하 신까지의 여덟 신은 검에 의해 생겨난 신이다.

그리고 죽임당한 가구쓰치 신의 머리에 생겨난 신의 이름은 마사

---

11) 도쓰카 검: 일본어로는 '十拳の剣(とつかのつるぎ)'라고 하며 여기서 '拳'는 세끼 손가락에서 집게손가락까지의 폭을 가리키는 말로, 약 80~100㎝ 정도 길이의 검을 말한다.

카야마쓰미 신(正鹿山津見神)이며, 이어서 가슴에 생겨난 신의 이름은 오도야마쓰미 신(淤縢山津見神), 다음으로 배에 생겨난 신의 이름은 오쿠야마쓰미 신(奧山津見神), 이어서 음부에 생겨난 신의 이름은 구라야마쓰미 신(闇山津見神)이다. 다음으로 왼손에 생겨난 신의 이름은 시기야마쓰미 신(志芸山津見神), 이어서 오른손에 생겨난 신의 이름은 하야마쓰미 신(羽山津見神), 이어서 왼발에 생겨난 신의 이름은 하라야마쓰미 신(原山津見神), 이어서 오른발에 생겨난 신의 이름은 도야마쓰미 신(戸山津見神)이다. 마사카야마쓰미 신에서 도야마쓰미 신까지 합해서 여덟 신이다. 그리고 이자나기가 베는 데 사용하신 큰 칼의 이름은 아메노오하바리(天之尾羽張)이며 이쓰노오하바리(伊都之尾羽張)라고도 한다.

<해제>

이자나미를 이즈모(出雲)와 호우키(伯耆)의 경계에 있는 산에
장사 지냈다고 하는 것은 요미노쿠니(황천)가 이즈모에 있다
고 하는 사상과 관련이 있는 것으로 파악된다. 이자나기가 검
으로 불의 신을 베는 이야기는 검의 영력으로 불의 맹위를 진
정시킨다고 하는 신앙을 기반으로 하고 있다. 가구쓰치 신의
목을 베자 사방으로 피가 튀고, 마지막으로 검의 신인 다케미
카즈치 신과 불의 신인 구라오카미, 구라미쓰하 신이 생겨났
다고 하는 이야기의 배경에서는 철을 불로 달구어 빨간 불똥
을 튀기며 쳐서 단련하고 예리한 검을 만드는 대장장이의 작
업이 연상된다.

가구쓰치 신의 몸에서 여덟의 산신이 생겨났다고 하는 전승에
관해서는 화산 폭발을 묘사한 것으로 보는 설과 화전(火田)을
만들기 위한 산 태우기 풍습과 관련이 있다는 설이 확인된다.
그러나 가구쓰치 신은 번갯불 신이라고 알려져 있으므로 산과
번개를 기반으로 한 전승으로 이해된다. 또한, 이 전승은 이어
지는 이자나미의 사체인 머리, 가슴, 배, 음부, 왼손, 오른손,
왼발, 오른발에서 각각 여덟의 번개 신이 생겨났다고 하는 전승
과 동일 형태의 화생신화(化生神話) 관련 전승으로 파악된다.

요미노쿠니

이자나기는 여신 이자나미를 만나고자 하여 뒤를 좇아 요미노쿠니(黄泉の国)로 가셨다. 그곳에서 여신이 전(殿)의 닫힌 문에서 나와 맞을 때, 이자나기가 이자나미를 향해

"사랑하는 나의 아내여. 나와 그대는 아직 나라를 다 만들지 못했소. 그러니 현세로 돌아갑시다."

하고 말씀하셨다. 그러자 이자나미는

"그것은 유감스러운 일입니다. 조금 더 일찍 오셨으면 좋았을 텐데. 나는 이미 요미노쿠니의 음식을 먹어 버렸습니다. 하지만 사랑하는 나의 낭군이 일부러 찾아오신 것은 황송한 일입니다. 그래서 함께 돌아가고자 하여 잠시 요미노쿠니의 신과 상의하려고 합니다. 그동안 저의 모습을 보아서는 안 됩니다."

하고 아뢰었다.

여신은 이렇게 말하고 그 전 안으로 돌아 들어갔는데, 그 사이가 너무 길어 남신은 기다림에 지치셨다. 그래서 남신은 말아 올린 왼쪽 머리에 꽂고 있던 신성한 참빗의 굵은 이를 하나 부러뜨려 들고, 여기에 불을 붙여 전 안으로 들어가 보시자 여신의 몸에는 구더기가 우글우글 들끓고, 머리에는 큰 벼락이 있고 가슴에는 불벼락이 있고 배에는 흑 벼락이, 음부에는 찢는 벼락이, 왼손에는 젊은 벼락이, 오른손에는 흙 벼락이 왼발에는 우는 벼락이 오른발에는 엎드린 벼락이 있었다. 모두 여덟 종의 뇌신(雷神)이 생겨나 있었다.

이것을 보고 놀란 이자나기는 두려워 현세를 향해 도망치기 시작했다. 여신 이자나미는

"나에게 수치를 당케 했다."

고 말하며 곧바로 요미노쿠니의 귀녀(鬼女)[12]들을 보내 쫓게 했다. 이에 이자나기는 머리에 붙이고 있던 검은 덩굴 장식물을 떼어 던졌다. 그러자 홀연 산포도 열매가 열렸다. 이것을 귀녀들이 따 먹고 있는 동안 남신은 멀리 도망갔다. 하지만 다시 쫓아왔기 때문에 이번에는 오른쪽 머리에 꽂고 있던 참빗의 이를 부러뜨려 던졌다. 그러자 즉시 죽순이 돋았다. 그것을 귀녀들이 뽑아 먹고 있는 사이에 남신은 멀리 도망갔다.

그러자 이자나미는 다시 그 여덟의 뇌신에게 천오백[13]이나 되는 요미노쿠니의 군세를 붙여 추적하게 했다. 그래서 남신은 몸에 차고 있던 도쓰카 검(十拳劍)을 빼어 등 뒤를 향해 휘두르며 도주하셨다. 추격은 계속되어 현세와 요미노쿠니의 경계인 요모쓰히라사카(黃泉比良坂)[14]의 기슭에 다다랐을 때 남신은 그곳에 나 있는 복숭아나무 열매 세 개를 따서 기다렸다가 던지니 요미노쿠니의 군세는 하나같이 퇴산했다. 그런 이유로 이자나기는 그 복숭아 열매를 향해

"네가 나를 도와준 것처럼 아시하라노나카쓰쿠니(葦原の中国, 지상 세계 특히 일본)에 사는 현세의 모든 사람이 어려움을 만나 힘들어 괴로워할 때 도와주어라."

분부하시며 오오카무즈미노 미코토(意富加牟豆美命)라는 신명을 부여하셨다.

마지막에는 여신 이자나미가 직접 쫓아왔다. 이자나기는 천 명이라야 들 수 있는 거대한 바위로 현세와 요미노쿠니(황천)의 통로를

---

12) 원문에는 '요모쓰시코메(黃泉醜女, 황천의 추한 여자)'라고 되어 있다.

13) 여기서 '천오백'은 수가 매우 많은 것을 나타낸다.

14) 현세와 요미노쿠니(황천)의 경계에 있다고 하는 언덕.

막았다. 두 신이 그 바위를 사이에 두고 마주 서서 부부로서 이별의 말을 나눌 때, 이자나미가

"사랑하는 나의 낭군이 이런 일을 하신다면 나는 당신 나라 사람들을 하루에 천 명 목 졸라 죽이겠어요."

하고 아뢰었다. 그러자 이자나기는

"사랑하는 나의 아내여. 그대가 그리한다면 나는 하루에 천오백개의 사실을 짓겠소."

하고 말씀하셨다. 이러한 이유로 하루에 반드시 천 명이 죽고, 하루에 반드시 천오백 명이 태어나는 것이다.

그래서 그 이자나미를 일컬어 요모쓰오오카미(黃泉津大神)라고 부른다. 그리고 남신을 쫓아왔기 때문에 치시키 대신(道敷の大神)이라고도 한다. 또한, 요미노쿠니의 언덕을 막은 바위에는 악한 영을 길에서 되돌려 보냈다고 해서 치가헤시 대신(道反之大神)이라고 이름 붙이고, 요미노쿠니의 입구를 막고 있는 요미도 대신(黃泉戶の大神)이라고도 한다. 그 요모쓰히라사카라는 곳은 지금의 이즈모국 이후야사카(伊賦夜坂) 언덕을 가리킨다고 한다.

<해제>

일반적으로 다카마노하라(高天の原)는 천상계를 가리키고, 아
시하라노나카쓰쿠니(葦原の中国)는 지상계를 가리킨다. 요미
노쿠니(黄泉の国, 황천)는 하계로 추정되며 죽은 자가 가는
부정한 암흑의 세계로 알려져 있다. 이자나기가 여신을 만나
기 위해 요미노쿠니를 방문하는 이야기는 귀인이 숨졌을 때
행해지던 빈궁 의례를 배경으로 하는 것으로 파악된다. 요미
노쿠니(황천)의 음식을 먹어서 돌아갈 수 없다고 하는 것은
주민들과 동일한 음식을 먹음으로써 친밀한 관계가 형성된다
는 사상에 기반하고 있다.

"저의 모습을 보아서는 안 됩니다."라는 금기를 어기고 남신
이 여신의 시체를 보는 행위는 육친을 장사 지내고 나서 근친
자가 시체를 보러 가는 풍습과 관련이 있는 것으로 알려져 있
다. 여신의 신체에 뇌신(雷神)이 발생했다고 하는 것은 사령
(死霊)에 대한 공포심을 묘사한 것으로 이해된다. 요미노쿠니
의 귀녀(鬼女)와 요미노쿠니의 군세가 추격하는 이야기는 죽
은 자의 영, 죽음의 부정에 접촉하는 것이 얼마나 무서운 일
인지를 말해주는 것으로 보인다. 물건을 던지며 도주하는 형
태의 설화는 세계적으로 널리 분포하고 있으며 주술적 도주
설화라고 말한다.

복숭아를 던져 사기(邪気)를 퇴산시키는 이야기는 복숭아나무가
나쁜 기운을 쫓는 주술적인 힘을 가졌다고 하는 중국의 사상에
따른 것이다. 또한, 천 명이라야 들 수 있는 바위로 통로를 막는
이야기는 암석이 사기(邪気)와 악령(悪霊)의 침입을 막는다는
고대의 신앙을 토대로 하고 있다. 두 신이 부부의 연을 끊은 후
에는 이자나기는 삶의 신, 이자나미는 죽음의 신이 되어 대립한
다. 이 부분은 인간의 생과 죽음의 기원을 묘사한 신화이다.

이자나기의 목욕재계와 삼귀자

이런 연고로 이자나기 대신은

"나는 도대체 얼마나 부정하고 더러운 나라에 갔다 온 것인가, 하여 몸을 정결히 해야겠다."

하시고 쓰쿠시(筑紫)의 히무카(日向) 다치바나노오도(橘の小門)의 아와키하라(阿波岐原)에 가서서 목욕하여 부정한 것을 씻어내셨다.

맨 처음 내던진 지팡이에서 생긴 신의 이름은 쓰키타쓰후나토 신(衝立船戶神)이다. 이어서 벗어 던진 허리띠에서 생긴 신의 이름은 미치노나가치하 신(道之長乳齒神)이다. 자루에서 생겨난 신의 이름은 도키하카시 신(時量師神)이다. 이어 벗어 던진 옷에서 생긴 신의 이름은 와즈라히노우시 신(和豆良比能宇斯能神)이다. 이어서 벗어 던진 아랫도리에서 생긴 신의 이름은 치마타 신(道俣神)이다. 이어서 벗어 던진 관에서 생긴 신의 이름은 아키구히노우시 신(飽咋之宇斯能神)이다. 다음으로 던져 버린 왼손의 팔찌에서 생긴 신은 오키자카루 신(奧疎神), 다음은 오키쓰나기사비코 신(奧津那芸佐毘古神), 다음으로 오키쓰카히베라 신(奧津甲斐弁羅神)이다. 뒤이어 내던진 오른손 팔찌에서 생긴 신의 이름은 헤자카루 신(辺疎神)이며 다음은 헤쓰나기사비코 신(辺津那芸佐毘古神), 다음은 헤쓰카히베라 신(辺津甲斐弁羅神)이다.

이상 후나토 신에서부터 히쓰카히베라 신까지 십이 신은 몸에 지니고 있던 물건을 벗어 던질 때 생겨난 신이다.

그 후 이자나기가

"여울의 위쪽은 물살이 빠르다. 여울의 아래쪽은 물살이 느리다."

말씀하시며, 처음으로 여울의 중간 물속에 몸을 잠기게 하여 더러움을 정결히 할 때 생겨난 신의 이름은 야소마가쓰히 신(八十禍津日神)이다. 이어서 생겨난 것은 오오마가쓰히 신(大禍津日神)이다. 이 두 신은 그 불결한 요미노쿠니(황천)에 갔을 때 부정한 것과 접촉해 생겨난 신이다. 이어서 그 화를 원래 상태로 되돌리기 위해 생겨난 신의 이름은 가무나오비 신(神直毘神)과 오오나오비 신(大直毘神), 그리고 이즈노메(伊豆能売)이다. 다음으로 물 밑으로 가라앉아 몸을 씻어 정결히 할 때 생긴 신의 이름은 소코쓰와타쓰미 신(底津綿津見神), 그리고 소코쓰쓰노오노 미코토(底筒之男命)이다. 이어서 물의 중간 부분쯤에서 씻어 정결히 할 때 생긴 신의 이름은 나카쓰와타쓰미 신(中津綿津見神), 그리고 나카쓰쓰노오노 미코토(中筒之男命)이다. 물의 표면에서 씻어 정결히 할 때 생긴 신의 이름은 우와쓰와타쓰미 신(上津綿津見神), 그리고 우와쓰쓰노오노 미코토(上筒之男命)이다.

이 와타쓰미 신(綿津見神)은 아즈미 무라지(阿曇連) 등의 조상신으로 숭상하여 제사 지내고 있는 신이다. 그리고 아즈미 무라지 등은 그 와타쓰미 신의 자식인 우쓰시히카나사쿠노 미코토(宇都志日金析命)의 자손이다. 또한, 소코쓰쓰노오, 나카쓰쓰노오, 쓰쓰노오노 미코토 세 신은 스미요시 신사(住吉神社)에 제사 드려지고 있는 삼좌(三座)의 대신이다.

이어 그곳에서 왼쪽 눈을 씻으실 때 생겨난 신의 이름은 아마테라스오오미 신(天照大御神)이다. 이어서 오른쪽 눈을 씻을 때 생겨난 신의 이름은 쓰쿠요미노 미코토(月読命)이다. 다음으로 코를 씻으실 때 생겨난 신의 이름은 다케하야스사노오노 미코토(建速須佐之男命)이다.

위에 열거한 야소마가쓰히 신부터 하야스사노오노 미코토까지의 열 신은 몸을 씻어 정결히 하심으로써 생겨난 신이다.

이자나기노 미코토는 매우 기뻐하며

"나는 계속해서 자식을 낳아 마지막으로 세 기둥이 되는 귀한 자식(三貴子)을 얻었다."

말씀하시고, 곧바로 목에 건 목걸이의 구슬 끈을 흔들흔들 흔들어 울리시면서 아마테라스 신에게 건네시며

"그대는 다카마노하라(高天の原, 천상)를 다스리시오."

하고 위임하셨다. 그래서 그 목걸이의 구슬 이름을 미쿠라타나 신(御倉板挙之神)이라고 한다. 이어서 쓰쿠요미에게는

"그대는 요루노오스쿠니(夜の食国, 밤의 세계)를 다스리시오."

하고 말씀하시며 위임하셨다. 다음으로 다케하야스사노오에게는

"그대는 우나바라(海原, 바다)를 다스리시오."

하고 말씀하시며 위임하셨다.

<해제>

요미노쿠니(黃泉の国) 신화에는 죽음의 부정함이나 사령으로 인한 재앙의 두려움이 기술되어 있는데, 그런 부정함을 해소하는 방법과 관련한 서술로서 부정을 씻는 의식을 그린 것이다. 부정을 씻는 의식을 그린 신화는 액막이 의식의 축문에 기술되어 있는 사상과 통하는 점이 있다. 고대의 중요한 종교적 의례로서 부정을 씻는 의식은 바다를 향해 물이 흐르는 강어귀나 강변에서 거행되었다. 요컨대 물의 정화력에 의해 죄, 부정, 화 등, 모든 재화(災禍)를 씻어 정결하게 하기 위한 주술적 의식인 것이다.

의식 중에 와타쓰미 신과 쓰쓰노오 신이 생겨났다고 기술하고 있다. 이들 해신과 항해의 수호신은 모두 바다와 더불어 살아가는 사람들에 의해 숭배되었다. 와타쓰미 신은 아즈미노 무라지(阿曇連)가, 쓰쓰노오 신은 쓰모리노 무라지(津守連)가 제사 지냈다. 와타쓰미 신이나 쓰쓰노오가 이자나기의 목욕 시에 생긴 신이라는 사실은 이자나기가 본래 해양인 집단이 믿던 신이며, 이자나기의 행위에 보이는 씻는 의식이 본디 해양인 집단이 행하던 종교적 의례였음을 짐작하게 한다.

마지막으로 아마테라스, 쓰쿠요미, 스사노오 세 신이 이자나기의 삼귀자로서 생겨났다고 기술하고 있다. 스사노오가 아마테라스와 남매 관계로 엮여 있는 것은 주목할 만하다. 해의 신과 달의 신이 천부신의 좌우 눈에서 태어났다고 하는 이야기는 일본 신화 외에도 비슷한 사례가 있지만, 코에서 스사노오가 태어났다고 하는 것은 이례적이다. 스사노오는 원래 이즈모 신화의 조상신이며 황실 신화의 조상신인 아마테라스와의

사이에는 혈연적 관계가 없었을 것이다. 그럼에도 불구하고
두 신이 이자나기의 자식으로 결합한 것은 황실 신화와 이즈
모계 신화를 통합하기 위한 것으로 이해된다.

03

아마테라스와 스사노오

스사노오의 추방

이렇게 하여 각각 이자나기의 명령에 따라 위임하신 곳을 다스렸으나 그중에서 스사노오노 미코토만은 위임받은 나라를 다스리지 않고 턱수염이 자라 가슴팍에 걸릴 때까지 오랫동안 울부짖고 있었다. 그 격렬한 울음소리는 푸르디푸른 산을 마른 산이 될 때까지 시들게 하고 강과 바다의 물을 전부 말려 버릴 정도였다. 그 결과, 재앙을 초래하는 악신의 소란은 여름의 파리처럼 들끓고, 온갖 악령으로 인한 화가 일제히 발생했다.

그런 연유로 이자나기 대신은 스사노오에게

"무슨 까닭에 그대는 내가 위임한 나라를 다스리지 않고 울부짖고 있는 것인가?"

하고 물으셨다. 이에 스사노오는

"나는 돌아가신 어머니가 있는 네노카타스쿠니(根の堅州国, 네노쿠니, 뿌리의 나라)에 가고 싶어서 울고 있는 것입니다."

하고 아뢰었다. 이것을 듣고 이자나기 대신은 심히 노하여

"그렇다면 그대는 이 나라에 살 수 없다."

고 말씀하시며 곧바로 스사노오를 추방해 버리셨다. 그 이자나기 대신은 오미(近江)의 다가(多賀)에 진좌해 계신다.

그러자 스사노오는

"그러면 아마테라스 대신에게 사정을 고하고 나서 네노쿠니(根の 国)로 가겠습니다."

라 아뢰고 천상으로 올라가는데, 올라갈 때 산과 강 할 것 없이 모두 요동치고 국토가 진동했다. 그 소리를 들은 아마테라스 대신이 놀라

"나의 아우가 올라오는 이유는 분명 선량한 의도에서 비롯되었을 것이라고는 생각하지 않는다. 틀림없이 내가 다스리는 나라를 빼앗으려고 오는 것이다."

말씀하시고 곧장 머리를 풀어 남자 머리 모양으로 좌우로 올려 묶고, 올려 묶은 머리 양쪽과 좌우의 손에 많은 양의 곡옥을 꿴 긴 구슬 장식 끈을 감아 걸었다. 등에는 화살이 천 개나 들어가는 전통을 메고 허리춤에는 오백 개의 화살이 들어가는 전통을 걸었다. 또한, 왼쪽 팔목에는 위세 좋게 높이 울리는 팔찌15)를 감아 차시고, 활을 흔들어 세웠다. 그리고 딱딱한 지면이 허벅지까지 함몰될 정도로 내리밟아 마치 거품 같은 눈이 내리는 듯했다. 땅을 세차게 내리 차며 용감하고 씩씩한 태도로 맞을 채비를 다 갖추고는 스사노오에게

"무슨 연유로 올라온 것이냐?"

---

15) 활을 든 왼쪽 팔목에 차서 현이 튀는 것을 막으며, 동시에 팔찌가 현에 부딪혀 높은 소리를 발하여 적을 위협하는 도구.

하고 물으셨다.

　그러자 스사노오는

　"저는 사심을 갖고 있지 않습니다. 단지 이자나기 대신이 제가 소란스럽게 우는 이유를 물으셨기 때문에, '돌아가신 어머니가 있는 나라에 가고 싶어 우는 것입니다.' 하고 아뢰었을 뿐입니다. 그런데 대신께서, '너는 이 나라에 살 수 없다'고 말씀하시며 저를 추방하셨습니다. 그래서 어머니 나라에 가게 된 사정을 말씀드리려고 올라온 것뿐입니다. 모반의 의도 같은 것은 없습니다."

하고 아뢰었다.

<해제>

이즈모계 신화의 조상신으로 일컬어지는 스사노오는 본디 네노쿠니(根の国)와 깊은 관련이 있다. 스사노오가 네노쿠니에 가고 싶다고 울부짖은 이유는 원래 이 신이 네노쿠니를 주재하는 신이었기 때문일 것이다. 네노쿠니는 바다 저편에 있다고 여겨지던 이향으로서 신들의 고향이며, 곡물과 부의 근원이 되는 세계라고도 어거졌다.

그러나 아마테라스와 대립하는 스사노오는 천상신에게 해를 가하는 거친 신으로 묘사되어 있다. "푸르디푸른 산을 마른 산이 될 때까지 시들게 하고"라는 서술에는, 물의 신인 스사노오가 네노쿠니로 가고 싶다고 울 때, 바다와 강의 물이 하나같이 눈물이 되어 말라버렸다고 하는 극단적인 표현을 사용하고 있다. 이 신이 천상에 오를 때 산천이 요동하고 국토가 진동했다고 하는 부분에도 난폭한 신으로서의 격렬함이 나타나 있다. 한편 이 거친 신을 퇴치하기 위해 아마테라스가 무장하고 용맹한 자세를 취하는 장면에서도 고조된 긴장감과 엄숙함이 느껴진다.

이상에서 살펴본 바와 같이 여기에 등장하는 스사노오는 폭풍우 신으로서의 성격이 강하다. 이즈모 신화에서는 농경에 자비를 베푸는 물의 신으로서 등장하는 스사노오가 천상 신화에서는 폭풍우를 연상하게 하는 거친 신으로 그려지고 있어, 스사노오가 복잡한 성격의 신이라는 사실을 짐작할 수 있다.

두 신의 점술 대결과 출산

이에 아마테라스 대신이

"그대의 마음이 결백하여 사심이 없다는 것을 어떻게 증명할 수 있습니까?"

하고 말씀하셨다. 그러자 스사노오는

"그러면 점을 쳐 아이를 낳아 알아보지요."

하고 아뢰었다. 이렇게 해서 두 신은 천상의 야스노카와 강(天の安河)을 사이에 두고 각각 점을 쳤는데, 먼저 스사노오가 차고 있던 도쓰카 검을 아마테라스가 받아들고 이것을 셋으로 잘라, 목걸이 끈이 흔들려 구슬이 부딪치는 소리가 날 정도로 아메노마나이(天の真名井, 천상의 우물)의 물에 흔들어 씻었다. 그리고 입에 넣어 씹고 또 씹어 부스러뜨려서 뱉어낸 숨의 안개에서 생겨난 신의 이름은 다키리비메노 미코토(多紀理毘売命)이며, 또 다른 이름은 오키쓰시마히메노 미코토(奥津島比売命)라고 한다. 이어서 생겨난 신의 이름은 이치키시마히메노 미코토(市寸島比売命), 또 다른 이름은 사요리비메노 미코토(狭依毘売命)라고 한다. 다음으로 생겨난 신은 다키쓰히메노 미코토(多気都比売命)이다.

스사노오는 아마테라스가 동그랗게 올려 묶은 왼쪽 머리에 감고 계시는 많은 곡옥을 이은 긴 구슬 끈을 받아 들고, 구슬 끈이 흔들려 구슬이 소리를 낼 정도로 아메노마나이의 물에 흔들어 씻었다. 이것을 씹고 또 씹어 부스러뜨려서 뱉어낸 숨의 안개에서 생겨난 신의 이름은 마사카쓰아카쓰카치하야히아메노오시호미미노 미코토(正勝吾勝勝速日天之忍穂耳命)이다. 또 오른쪽 머리에 감고 계신 구슬 끈을 받아 들고, 이것을 씹고 또 씹어 부스러뜨려서 뱉어낸 숨에서 생겨난 신의 이름은 아메노호히노 미코토(天之菩卑能命)이다.

또 앞머리의 장식물에 감고 계신 구슬 끈을 받아 들고 씹고 또 씹어 뱉은 숨의 안개에서 생겨난 신의 이름은 아마쓰히코네노 미코토(天津日子根命)이다. 그리고 왼손에 감고 계시던 구슬 끈을 받아 씹고 또 씹어 뱉은 숨 안개에서 생겨난 신의 이름은 이쿠쓰히코네노 미코토(活津日子根の命)이다. 그리고 오른손에 감고 계시던 구슬 끈을 받아 씹어서 뱉어낸 숨 안개에서 생겨난 신의 이름은 구마노쿠스비노 미코토(熊野久須毘命)이다. 합해서 다섯 신이다.

그 결과 아마테라스 대신이 스사노오에게

"지금 태어난 다섯 남아는 내 물건인 구슬에서 생겨난 신이다. 따라서 당연히 내 자식이다. 먼저 태어난 세 여아는 그대 물건인 검에서 생겨난 신이다. 그러니 그대의 자식이다."

말씀하시며 구별하셨다.

먼저 태어난 신인 다키리비메는 무나카타 신사(宗像神社)의 오키쓰미야(奥つ宮)에 진좌되었다. 다음으로 이치키시마히메는 무나카타 신사의 나카쓰미야(中つ宮)에 진좌되었다. 다음으로 다키쓰히메는 무나카타 신사 헤노미야(辺の宮)에 진좌되어 있다. 이 세 신은 무나카타노 기미(宗像君) 등이 숭상하여 제사 지내고 있는 삼좌의 대신(三座の大神)이다. 그리고 나중에 태어난 다섯 자식 중에서 아메노호히의 아들인 다케히라토리노 미코토(建比良鳥命)는 이즈모노쿠니노 미야쓰코(出雲国造),[16) 무사시노쿠니노 미야쓰코(武蔵国造), 가미

---

16) '미야쓰코(造)'는 고대 씨족의 칭호의 하나로, 조정 또는 지방에서 각종 부민(部民), 특히 귀화인 계통의 기술자 집단을 통괄하던 씨족의 칭호이다. 그 후 대부분 '무라지(連)'라는 칭호로 바뀌었다.

쓰우나카미노쿠니노 미야쓰코(上菟上国造), 시모쓰우나카미노쿠니노 미야쓰코(下菟上国造), 이지무노쿠니노 미야쓰코(伊自牟国造), 쓰시마노아가타노 아타이(対馬県直),[17] 도오쓰오미노쿠니노 미야쓰코(遠江国造) 등의 조상신이다. 다음으로 아마쓰히코네는 오시코우치노쿠니노 미야쓰코(凡川内国造), 누카타베노유에노 무라지(額田部湯坐連),[18] 이바라키노쿠니노 미야쓰코(茨木国造), 야마토노다나카노 아타이(大和田中直), 야마시로노쿠니노 미야쓰코(山城国造), 마쿠타노쿠니노 미야쓰코(馬来田国造), 미치노시리노기헤노쿠니노 미야쓰코(道尻岐閇国造), 스오노쿠니노 미야쓰코(周芳国造), 야마토노아무치노 미야쓰코(大和淹知造), 다케치노 아가타누시(高市県主), 가모우노 이나키(蒲生稲寸), 사키쿠사베노 미야쓰코(三枝部造) 등의 조상신이다.

---

17) '아타이(直)'는 고대 씨족의 칭호의 하나로, '구니노미야쓰코(国造)'에 많고 다이카 개신(大化の改新) 후에는 '군지(郡司)'와 그 일족에 많다.

18) '무라지(連)'는 고대 야마토 조정에서 주로 '신별(神別)' 씨족에 세습되던 칭호이다. 오오토모(大伴), 이소노카미(石上) 등의 유력한 무라지는 이후 '스쿠네(宿禰)'로 승격했다.

<해제>

서약 신화에는 주술적 의식에서 비롯된 신비로운 내용이 반복적으로 서술되어 있다. 이 신화에서 주안점은 서약 점술에 의해 두 신의 검과 구슬에서 신이 태어나는 부분인데, 세 여신이 스사노오의 자식으로, 다섯 남신이 아마테라스의 자식으로 화생한다. 세 여신은 무나카타 신사에 진좌하고 있으며, 이 신을 제사하는 무나카타노 기미(宗像君)¹⁹⁾는 북규슈를 본기지로 하여 한반도와의 해상 교통 면에서 활약한 해상계 호족으로 알려져 있다.

한편 다섯 남신 중에서 아메노호히는 이즈모노쿠니노 미야쓰코(出雲国造)의 조상신(祖神)이며, 아마쓰히코네는 호족 오시코우치노쿠니노 미야쓰코(凡川内国造)와 야마시로노쿠니노 미야쓰코(山代国造) 등의 조상이라고 전해진다. 그리고 황조신(皇祖神)인 오시호미미와 이즈모노쿠니노 미야쓰코의 조상신인 아메노호히가 형제 관계로 맺어져 있는 것은 아마테라스와 스사노오가 남매 관계로 이어져 있는 것과 동일한 구조이다.

『일본서기』에서는 스사노오가 점을 치기에 앞서, 만일 여자가 태어난다면 사심이 있는 것으로 판단하고, 남자가 태어나면 결백한 것으로 결론짓자고 말하고 있다. 그러나 『고사기』에는 이 같은 서술은 확인되지 않는다. 게다가 『일본서기』와 반대로 여자가 태어났기 때문에 스사노오의 결백이 증명되었다고 쓰고 있다. 그런데 『고사기』에도 아메노오시호미미의 신명에는 '마사카쓰아카쓰카치하야히(正勝吾勝勝速日)'라는 호칭이

---

19) '기미(君)'는 고대 칭호의 하나로, 주로 게이타이(継体) 천황 이후의 모든 천황을 조상으로 하는 신하 중 가장 높은 칭호이다. 이후 '아손(朝臣)'이라는 칭호를 하사받았다.

병기되어 있어, 이를 통해 남자가 태어났기 때문에 점술 대결에서 이겼다고 보는 것이 본래의 전승 형태였을 것으로 추측된다. 『고사기』에서는 왜 여자가 태어난 사실을 승리의 표징이라고 본 것인지 다각적인 검토가 필요하다. 『고사기』의 전승은 덴무 천황 이후, 여제인 지토(持統) 천황이나 겐메이(元明) 천황 시대에 형성되었기 때문에 이렇게 개변된 것은 아닐까.

천상의 바위굴 문

그러자 하야스사노오가 아마테라스에게

"저의 마음이 결백하고 밝다는 사실은 제가 낳은 자식이 연약한 여자아이라는 것으로 증명이 되었습니다. 이 결과로부터 말씀드리면 당연히 제가 점술에서 이긴 것입니다."

하고 말하며 이긴 것에 우쭐해져서 아마테라스가 경작하는 논의 두렁을 망가뜨리고 논에 물을 대는 도랑을 메우고, 게다가 대신이 니이나메 제사(新嘗祭)에서 신곡을 드시는 신전에 자신의 배설물을 뿌려 더럽혔다. 이 같은 난행을 저질러도 아마테라스는 이것을 나무라지 않고

"저 대변처럼 보이는 것은 나의 아우가 술에 취하여 구토를 한 것이겠지요. 그리고 논의 두렁을 망가뜨리고 도랑을 메운 것은 토지를 아깝게 생각하여 그리한 것이겠지요."

하고 좋은 쪽으로 꾸며 말씀하셨지만, 스사노오의 난폭한 행동은 거기서 그치지 않고 점점 더 과격해져 갔다.

아마테라스가 베를 짜는 신성한 방에 들어가셔서, 신에게 올릴 신의(神衣)를 직녀에게 짜게 하고 계실 때, 스사노오는 그 베틀 방 용마루에 구멍을 내고 얼룩말의 가죽을 거꾸로 벗겨서 구멍 아래로 떨어뜨렸다. 그것을 보고 직녀는 크게 놀라 베틀의 북에 음부를 찔려 숨을 거뒀다. 이것을 보고 아마테라스는 두려워하여 천상의 바위굴 문(天の石屋戸)을 열고 들어가 안에 칩거하셨다. 그 때문에 다카마노하라(高天の原)는 온통 칠흑으로 변하고 아시하라노나카쓰쿠니(葦原の中国)도 완전히 암흑으로 바뀌었다. 그렇게 영원한 어둠

이 이어졌다. 거기에 온갖 요사스러운 신의 소란이 여름의 파리 떼처럼 세상에 들끓고 갖가지 재앙이 한꺼번에 발생했다.

이 같은 상황이 되자 모든 신이 천상의 야스노카와 강변에 회합하여 다카미무스히 신의 아들 오모이카네 신(思金神)에게 선후책을 강구하게 했다. 그래서 우선 불로불사의 세계에 사는 오래 우는 새를 모아 울게 하고 이어서 천상의 야스노카와 강 상류의 단단한 바위를 취하고 천상의 가나야마 산(金山)의 철을 취하여 도공인 아마쓰마라(天津麻羅)를 찾아 이시코리도메(伊斯許理度売)에게 명하여 거울을 만들게 했다. 그리고 다마노오야(玉祖)에게 명하여 많은 곡옥을 꿴 긴 목걸이를 만들게 했다. 이어서 아메노코야네(天児屋)와 후토다마(布刀玉)를 불러 천상의 가구야마 산(香具山) 수사슴의 어깨뼈를 도려내 와서 가구야마 산의 가니와자쿠라(朱桜)를 취해 사슴의 어깨뼈를 태워 점을 치게 하고, 결과에 따라 제사 의식을 준비하게 했다. 먼저 천상의 가구야마 산의 나뭇가지에 잎이 무성한 비쭈기나무를 뿌리째 뽑아 와서 위쪽 가지에 곡옥을 꿴 긴 목걸이를 걸고, 중간 가지에 야타(八咫)의 거울을 걸고 아래쪽 가지에는 닥나무 껍질로 만든 흰 천과 삼베로 된 파란 천을 늘어뜨려 걸었다. 그리고 이들 각종 물품은 후토다마가 신에게 헌상할 귀한 공물로서 받쳐 들고, 그 앞에서 아메노코야네(天児屋)가 축사(祝詞)를 외워 축복하고, 아메노타지카라오(天手力男)가 바위굴 문 옆에 숨어 섰다. 아메노우즈메(天宇受売)가 소매를 올려 매는 끈에 천상의 가구야마 산의 음지에 난 석송을 걸고 사철 덩굴풀을 머리에 감아 올리고, 천상의 가구야마 산의 조릿대 잎을 묶어 손에 쥐고 천상의 바위굴 문 앞에 나무통을 엎어 놓고 이것을 밟아 울리며, 신접하여

가슴을 드러내고 아랫도리옷을 묶은 끈을 음부까지 늘어뜨렸다. 그러자 다카마노하라가 울릴 정도로 야오요로즈 신(八百万の神)들이

"와!"

하고 일제히 웃었다.

바위굴 안의 아마테라스가 이를 이상히 여겨 천상의 바위굴 문을 조금 열고 안에서

"내가 여기에 들어앉아 있어서 천상계는 자연히 암흑으로 변하고 지상 세계도 모두 칠흑일 텐데, 어찌하여 아메노우즈메는 무악을 하고 야오요로즈 신들은 하나같이 웃고 있는 것인가?"

하고 말씀하셨다. 이에 아메노우즈메가

"당신보다 뛰어난 귀한 신이 오시기 때문에 기뻐 웃으며 가무하고 있습니다."

하고 아뢰었다. 이렇게 말씀드리고 있는 사이 아메노코야네와 후토다마가 야타의 거울을 꺼내어 아마테라스에게 보여 드리자 아마테라스는 이상히 생각하시고 마침내 천천히 바위굴 문밖으로 나와 거울 안을 살펴보실 때, 문 옆에 숨어 있던 아메노타지카라오가 대신의 손을 잡아 밖으로 이끌어 내드렸다. 그리고 곧바로 후토다마가 시메나와(注連縄, 금줄)를 대신의 뒤편에 건너치고

"이 금줄 안으로 되돌아가실 수 없습니다."

하고 아뢰었다. 이렇게 하여 아마테라스가 나오시자 천상도 지상도 태양이 비쳐 자연스럽게 밝아졌다.

야오요로즈 신들은 함께 상의하여 스사노오에게 많은 속죄 물품을 부과하고, 수염을 자르고 손발톱을 뽑아 천상에서 추방해 버렸다.

<해제>

천상의 바위굴 문 신화는 천손 강림 신화와 함께 기기(記
紀)[20] 신화의 정점에 자리하고 있는 이야기라고 할 수 있다.
이 신화에 대해 농업 신에 대한 폭풍우 신의 폭행, 즉 폭풍우
로 인한 재해를 표현한 것으로 보는 견해가 있지만, 스사노오
를 폭풍우 신으로 보는 설에는 이견도 있다. 아마테라스는 태
양신으로서의 일면을 지니고 있지만, 베틀 방에서 신의(神衣)
를 짜게 하고, 신전(神田)에 벼를 재배하고, 다이조 제사(大
嘗祭)[21]를 행하는 신이기 때문에 태양신임과 동시에 니이나
메 제사(新嘗祭)[22]를 행하는 고대의 천황상을 반영하고 있는
신이기도 하다.

천상의 바위굴 문에는 고분의 바위굴 이미지가 투영되어 있
다. 그리고 아마테라스가 바위굴 문 안에 칩거하고 있다가 다
시금 바위굴 문으로 출현하는 이야기에는 신의 죽음과 부활
재생 신앙이 엿보인다. 특히 곡신(穀神)이 해마다 죽어 봄에
새로운 생명을 얻어 부활한다고 하는 신앙과 관계가 깊다.

바위굴 문 앞 의식(儀式)에서 활약하는 신은 나카토미(中臣)
씨의 조상신인 아메노코야네와 인베(忌部) 씨의 조상신인 후
토다마, 사루메노 기미(猿女君)의 조상신인 아메노우즈메이다.
우즈메의 이야기는 궁정에서 니이나메 제사의 전날에 행해지
는 진혼제 의식의 기원으로 이야기되고 있다. 진혼제는 태양
의 빛과 열이 쇠퇴하는 동지 무렵, 즉 11월 중의 인일(寅

---

20) 『고사기』와 『일본서기』를 합해서 이르는 말.

21) 천황이 즉위 후 처음 지내는 니이나메 제사.

22) 11월 23일에 행하는 궁중 행사로 천황이 햇곡식을 천지의 여러 신에게 바치고, 스스로 먹기도
한다. 지금은 근로 감사의 날로서 국민 축일로 기념한다. 범날.

日)[23]에 태양의 자손인 천황의 영이 부활 갱신할 것을 기원하여 행해진 궁정의 주술적 의식이다.

궁정 제의를 분장한 나카토미 씨와 인베 씨는 천황의 즉위식이기도 한 천조 다이조 제사(踐祚大嘗祭)에서 중요한 역할을 담당했다. 후토다마가 미테구라(太御幣)[24]를 들고 아메노코야네가 축문을 외웠다고 하는 이야기는 나카토미노 오오시마(中臣の大嶋)가 '천신주사(天神寿詞)[25]'를 읽고 인베노 시코부치(忌部の色夫知)가 검과 거울을 전황에게 올렸다는 지토 친횡의 즉위 의식과 밀접한 관계가 있다. 아마테라스가 여신인 것은 고대 종교 생활에서 중심을 점하고 있던 무녀가 여성 사령자(司霊者)이기도 하고, 신의 화신으로서 존귀하게 취급된 것과 관계가 있다고 볼 수 있지만, 또 다른 일면에는 여제의 이미지가 중복되어 있기 때문이라고 추정된다.

스사노오는 신들의 논을 파괴하고 제전(祭殿)을 더럽히는 등, 중대한 죄를 범하는 사신(邪神)으로 묘사되어 있다. 네노쿠니(根の国)에서 찾아오는 사신이 죄와 화(禍)와 부정(穢れ)을 초래한다고 믿고 있던 것이다. 죄와 부정의 화신이라고도 할 수 있는 스사노오가 천상에서 추방되었다고 하는 것은 큰 액막이 의식에서 행하는 축사의 사상을 신화적으로 기술한 것으로 해석해도 좋을 것이다.

---

23) 갑인일(甲寅日)이나 병인일(丙寅日)처럼 일진(日辰)의 지지(地支)가 인(寅=범)으로 된 날을 가리키며, 길일로 취급된다.

24) 신도에서 신에게 빌 때 바치는 삼, 종이, 명주 등을 가늘게 오려 만든 것. 신전의 나뭇가지나 울타리에 묶어 늘어뜨린다. 여기서는 곡옥을 꿴 끈과 거울과 닥나무 껍질과 삼베로 만든 천을 건 비쭈기나무를 가리킨다.

25) 천황 치세의 장구와 번영을 축복하는 문장.

오오게쓰히메

　스사노오는 음식을 오오게쓰히메(大気都比売神)에게 청했다. 그러자 오오게쓰히메는 코와 입, 그리고 엉덩이에서 각종 맛난 음식 재료를 꺼내어 여러 가지로 조리하고 상을 차려 올렸는데, 스사노오는 그 행위를 다 엿보고 음식을 부정하게 만들어 내놓은 것이라 여겨 곧바로 오오게쓰히메를 죽여버렸다. 이때 살해당한 신의 몸에서 누에와 오곡이 태어났다. 머리에서는 누에가 태어나고, 두 눈에서는 볍씨가 태어나고, 두 귀에서는 조, 코에서는 팥, 음부에서는 보리, 엉덩이에서는 대두가 태어났다. 이것을 가미무스히 조상신(神産巣日の御祖命)이 취하게 하여 오곡(五穀)의 종자로 삼으셨다.

<해제>

이것은 오곡의 기원을 기술한 유리(流離) 신화의 일부이다. 이 신화와 동류의 곡물 기원을 묘사한 신화가 『일본서기』에도 확인된다. 『일본서기』에서는 쓰쿠요미노 미코토(月夜見尊)가 우케모치 신(保食神)의 행위를 불결하다고 여겨, 분노하여 검을 뽑아 이 신을 참살했을 때 사체의 머리에서 우마(牛馬), 이마에시 조, 눈썹에서 누에, 눈에서 피, 배에서 벼, 음부에서 보리와 대두와 팥이 화생(化生)했다고 전하고 있다. 식물(食物) 신이 왜 죽임을 당했다고 기록한 것일까. 그 이유는 곡물을 수확할 때 낫으로 베기 때문에 곡신(穀神)은 죽고, 다시 씨를 뿌림으로써 곡신이 부활한다고 여긴 고대 신앙에 기인한 것이다.

스사노오가 오오게쓰히메를 죽였다는 것은 스사노오의 난폭한 행위를 부각하기 위한 것으로 이해된다. 그러나 스사노오는 이즈모 신화에서는 농경 또는 곡물과 깊은 관계가 있는 신이었으므로 곡물의 기원을 묘사하는 신화에 등장시킨 것으로 볼 수 있다.

야마타노오로치

이렇게 천상에서 추방당한 스사노오는 이즈모국(出雲国)의 히노
카와 강(肥河)[26] 상류의 도리카미(鳥髪)라는 곳으로 내려오셨다. 이
때 젓가락이 그 강 위쪽에서 떠내려왔기 때문에 스사노오는 강 위
에 사람이 살고 있다고 생각하시고 찾아 올라가자 할아버지와 할머
니 두 사람이 있는데, 소녀를 사이에 두고 울고 있었다. 그래서 스
사노오가

"당신들은 누구요?"

하고 물으셨다. 그러자 할아버지가

"나는 지상신인 오야마쓰미 신(大山津見神)의 자식입니다. 내 이
름은 아시나즈치(足名椎), 아내의 이름은 데나즈치(手名椎)라고 하
며 딸의 이름은 구시나다히메(櫛名田比売)라고 합니다."

하고 아뢰었다.

이어 스사노오는

"당신은 무슨 연유로 울고 있소?"

하고 물으셨다. 그러자 노인은

"나에게는 원래 여덟 명의 딸이 있었는데 저 고시(高志)의 야마
타노오로치(八俣の大蛇, 가랑이 여덟의 이무기)가 매년 쳐들어와서
딸들을 잡아먹었습니다. 올해도 당장 이무기가 들이닥칠 시기가 되
었기 때문에 울며 슬퍼하고 있는 것입니다."

하고 아뢰었다. 스사노오가 다시

"그 이무기는 어떤 모습을 하고 있소?"

---

26) 시마네 현의 히이 강.

하고 물으시자 노인은

"그 눈은 꽈리처럼 새빨갛고 동체 하나에 여덟의 머리와 여덟의 꼬리가 있습니다. 그리고 몸에는 음지의 덩굴식물인 석송과 노송나무, 그리고 삼나무가 나 있는데 그 길이는 여덟 계곡, 여덟 봉우리에 걸쳐 있고 그 배를 보면 전면에 항상 피가 배어 짓물러 있습니다."

하고 아뢰었다.

이 말을 들은 스사노오가

"당신의 딸을 나의 아내로 주시지 않겠소?"

하고 말씀하시자,

"황송합니다만, 누구신지도 모르는 분에게 어떻게……."

하고 노인이 대답했다. 이에 스사노오는

"나는 아마테라스 대신의 동생이오. 그리고 방금 천상에서 내려왔소."

하고 말씀하셨다. 그러자 아시나즈치, 데나즈치 신은

"그게 사실이라면 황공한 일입니다. 딸을 드리지요."

하고 말씀드렸다. 그래서 스사노오는 곧바로 그 소녀를 손톱 모양의 빗으로 모습을 바꾸어 머리에 꽂고 아시나즈치와 데나즈치에게 명하여

"당신들은 여러 차례 반복해서 빚은 진한 술을 만들고, 또 울타리를 만들어 둘러치고 그 울타리에 여덟 개의 문을 만들어 문마다 여덟 개의 높은 마루를 설치하고, 그 마루마다 술통을 놓고 그 진하게 빚은 술을 가득 채우고 기다리세요."

하고 말씀하셨다.

그렇게 분부대로 준비하여 기다리고 있으려니까 그 가랑이 여덟

의 이무기가 그야말로 노인이 말한 대로 모습을 드러냈다. 이무기는 이내 모든 술통에 머리를 처박고 술을 마시기 시작했다. 그리고 술에 취해 그 자리에서 잠들어 버렸다. 그때 스사노오가 몸에 차고 계시던 도쓰카 검을 빼 이무기를 갈기갈기 찢으셨기 때문에 히노카와 강물은 새빨간 피가 되어 흘렀다. 그리고 이무기의 꼬리 중간 부분을 자르실 때 검의 이가 빠졌다. 이것을 이상히 여기셔서 검의 끝으로 꼬리를 찔러 갈라보시자 훌륭한 대도(大刀)가 있었다. 스사노오는 그 칼을 빼내어 기이한 것이라 여기시고 아마테라스에게 이 사실을 아뢰고 헌상하셨다. 이것이 구사나기 대도(草なぎの大刀)[27]이다.

이렇게 해서 스사노오는 궁을 조영할 만한 땅을 이즈모에서 찾으셨다. 그리고 스가(須賀) 땅에 이르셔서

"이곳에 오니 기분이 상쾌하고 개운하구나."

말씀하시며 거기에 새로운 궁을 짓고 사셨다. 그래서 그 땅을 지금에 이르러서도 스가라고 부른다. 이 대신(大神)이 처음 스가에 궁을 지으셨을 때, 그 지역에서 구름이 왕성하게 피어올랐기 때문에 노래를 읊으셨다.

> 쌘구름 솟는 이즈모 겹 울타리
> 아내 맞으려 겹 울타리 두른다 여덟 겹 울타리를
> 八雲立つ 出雲八重垣
> 妻ごみに 八重垣作る その八重垣を
> (왕성하게 피어오르는 뭉게구름이 여덟 겹의 울타리를 둘러쳐 준다.
> 새색시를 맞이하려고 여덟 겹의 울타리를 두른다. 여덟 겹 울타리를)

---

27) 일반적으로 '구사나기노 쓰루기(草薙の劍)'라고 부른다.

라는 노래다.

　그리고 그 아시나즈치 신을 불러

　"당신을 궁의 수장으로 임명하지요."

말씀하시고 새로운 이름을 내리셨는데, 이나다의 궁주(稲田宮主)
스가노야쓰미미 신(須賀之八耳神)이라고 부르셨다.

<해제>

야마타노오로치(이무기) 퇴치담은 안드로메다형 설화로 유명하다. 오로치 퇴치 이야기는 『고사기』 안에서 상당히 문예적으로 서술된 부분이라고 할 수 있다. 히노카와 강 상류에 내려왔을 때 젓가락이 떠내려오고 이를 계기로 강 위에 사는 노부부와 그들의 딸을 만난다는 설정은 지극히 모노가타리[28]적이다.

장대한 이무기의 형상과 배에서 항상 피가 뚝뚝 떨어진다는 묘사는 끔찍함을 자아내며, 이무기를 베었을 때 히노카와 강이 피로 물들어 흘렀다는 내용도 참혹함을 느끼게 한다. 이무기를 퇴치하고 구사나기 검(草薙劍)을 얻은 후 구시나다히메와 거주할 땅을 찾던 스사노오가 스가(須賀)에 이르러 "마음이 상쾌하다(すがすがしい, 스가스가시이)."라고 말했다는 것은 '스가'의 지명 설화로 볼 수 있다. 더욱이 이 경악스러운 괴물을 퇴치한 후이므로 "상쾌하다."라는 말은 영웅의 호쾌하고 시원한 기분을 나타내는 데에도 효과적이다. 또한, "쌘구름 솟는 이즈모 겹 울타리" 노래도 밝고 상쾌한 신혼의 기분을 고조시키는 데 적절한 노래라고 할 수 있다.

야마타노오로치는 히노카와 강의 영물인 거대한 이무기다. 중국의 신화에도 물의 영인 '상류(相柳)'라는 머리 아홉의 거대한 인면 뱀 신이 등장한다. 한편 구시나다히메는 원래 신을 제사 지내는 날, 즉 물 신의 방문을 기다려 신의 아내가 되어야 할 무녀였다. 술을 빚고 관람석을 엮고 술통을 늘어놓고 기다리는 것은 신을 제사 지내기 위한 준비 과정을 나타낸다.

---

28) 헤이안 시대에 유행한 일본식 소설을 가리킨다.

여자가 이무기의 제물이 된다고 하는 내용은 해마다 우기가 되면 히노카와 강이 범람하여 유역의 논이 괴멸하는 공포의 상황을 신화적으로 묘사한 것으로 파악된다. 구시나다히메를 가운데 두고 한탄하는 노부부는 수해 발생에 두려워하는 농부의 모습을 연상시킨다.

영웅신 스사노오가 이무기를 퇴치하고 구시나다히메를 구하는 이야기는, 이무기의 형태로 표상화한 사령(邪靈)의 거칠고 사나운 위세를 진정시키고, 영웅의 힘으로 강의 범람을 막아 풍요를 약속한다는 의미를 지닌다. 이무기의 꼬리에서 구사나기 검이 발견되는 이야기는 히노카와 강 상류 일대가 뛰어난 사철(砂鉄) 산지이며, 히노카와 강 유역에서 검이 만들어지던 사실과 관련이 있는 것으로 전해진다. 이무기의 배가 항상 피에 짓물러 있다는 묘사도 히노카와 강에 철분을 포함한 붉은 물이 흘러드는 모습을 연상시키고 있다고 볼 수 있다. 이 영검을 아마테라스에게 헌상했다고 하는 내용은 삼종 신기 중 하나인 구사나기 검의 기원을 설명하기 위해 나중에 가미된 것으로 추측된다.

스사노오의 자손

이후 스사노오가 아내인 구시나다히메와 침소에서 처음 부부 관계를 맺어 낳은 신의 이름은 야시마지누미 신(八島士奴美神)이라고 한다. 그 후 오오야마쓰미 신의 딸 가무오오이치히메(神大市比売)라는 신을 아내로 맞아 낳은 자식은 오오토시 신(大年神)과 우카노미타마 신(宇迦之御魂神) 두 신이다. 형 야시마지누미 신이 오오야마쓰미 신의 딸 고노하나치루히메(木花知流比売)라는 이름의 신을 아내로 맞아 낳은 자식은 후하노모지쿠누스누 신(布波能母遅久奴須奴神)이다. 이 신이 오카미 신(淤迦美神)의 딸 히카와히메(日河比売)라는 이름의 신을 아내로 맞아 낳은 자식은 후카후치노미즈야레하나 신(深淵之水夜礼花神)이다. 이 신이 아메노쓰도에치네 신(天之都度閇知泥神)을 아내로 맞아 낳은 자식은 오미즈누 신(淤美豆奴神)이다.

이 신이 후노즈노 신(布怒豆怒神)의 딸인 후테미미 신(布帝耳神)이라고 하는 이름의 신을 아내로 맞아 낳은 자식은 아메노후유키누 신(天之冬衣神)이다. 이 신이 사시쿠니 대신(刺国大神)의 딸 사시쿠니와카히메(刺国若比売)라는 이름의 신을 아내로 맞아 낳은 자식은 오오쿠니누시 신(大国主神)이다. 이 신의 다른 이름은 오오나무지 신(大穴牟遅神)이라 하며, 또 다른 이름은 아시하라시코오 신(葦原色許男神)이라 하며, 또 다른 이름은 야치호코 신(八千矛神)이라고도 하며, 우쓰시쿠니타마 신(宇都志国玉神)이라고도 하여 합쳐서 다섯 개의 이름이 있다.

스사노오의 신손(神孫)을 나열한 이 계보의 전승에서는 스사노오와 구시나다히메의 결혼에 의해 야시마지누미 신이 태어나고, 이 신의 5대손으로서 오오쿠니누시 신이 태어나는 것으로 기술하고 있다. 이렇게 『고사기』에서 오오쿠니누시는 스사노오의 6대손으로 등장하지만, 『일본서기』의 본문에서는 스사노오의 자식으로 기술하고 있으며, 『시기』의 일서(一書)에는 6대손, 또는 7대손으로도 나온다. 요컨대 오오쿠니누시 또는 오오나무지 신은 스사노오를 조상신으로 하는 직계 이즈모계 신격을 지니고 있으며, 중간에 등장하는 신들에게는 명의가 불분명한 신이 많은 것으로 보아 나중에 계보에 삽입된 것으로 파악된다.

한편 스사노오와 가무오오이치히메와의 사이에서 오오토시 신이나 우카노미타마 신 같은 곡신이 태어났다고 기술하고 있으며, 이를 통해 스사노오가 농경과 관련한 물 신으로서 숭배되었던 사실을 엿볼 수 있다.

이 한 절은 스사노오를 주인공으로 하는 야마타노오로치 신화에 이어 오오쿠니누시를 주인공으로 하는 여러 신화를 서술하기 위한 연결고리로써 삽입된 부분이다. 따라서 오오쿠니누시에 관한 이야기를 전개하기 위한 서곡이라 할 수 있다.

04

오오쿠니누시

이나바의 흰 토끼

이 오오쿠니누시 신에게는 많은 형제 신(八十神, 야소 신)이 계셨다. 그런데 이 모든 신이 나라를 오오쿠니누시에게 양보해 드렸다. 양보한 이유는 다음과 같다. 그 신들은 하나같이 이나바(因幡) 지방의 야가미히메(八上比売)에게 청혼을 하려는 의도가 있어 함께 이나바로 가게 되었는데, 오오나무지 신(大穴牟遅神)29)에게 짐을 짊어지게 하여 종자(從者)로 데리고 갔다. 그런데 게타노사키(気多の崎)에 이르렀을 때 발가숭이가 되어 쓰러져 있는 토끼를 만났다. 이것을 본 야소 신들은 토끼에게

"네 몸을 고치려면 이 바닷물을 들쓰고 바람이 부는 높은 산쪽대기에 가서 누워있어라."

하고 가르쳐 주었다. 그래서 토끼는 신들이 가르쳐 준 대로 하여 산 위에 누웠다.

그러자 바람에 노출된 토끼의 피부는 해수가 말라가면서 완전히

---

29) 스사노오의 6대손. 오오쿠니누시의 다른 이름.

금이 가고 갈라져 버렸다. 그로 인해 토끼는 한층 더 고통스러워하며 엎드려 울고 있는데, 신들의 뒤를 따라온 오오나무지 신이 이 모습을 보고

"무슨 연유로 너는 엎드려 울고 있는 것이냐?"

하고 물었다. 그러자 토끼는

"나는 오키 섬(隱岐島)에서 이곳으로 건너오려고 생각했지만, 건너올 방법이 없어서 바다에 사는 상어를 속여서 '나와 네 동족 중에서 어느 쪽이 수가 많은지 세어보고 싶다. 그러니까 너는 동족을 모두 데리고 와서 이 섬에서 게타노사키까지 일렬로 늘어서 있어라. 그러면 내가 그 위를 밟고 달리면서 수를 셀 테니. 이런 식으로 우리 동족과 어느 쪽이 많은지 알아보자.' 하고 제안했습니다. 그렇게 상어가 속아서 줄지어 늘어서 있을 때 나는 그 위를 밟고 건너면서 수를 세었지요. 그리고 이제 곧 육지에 다다를 즈음 내가 '너는 나한테 속은 거야.' 하고 말하자마자 가장 끄트머리에 있던 상어가 나를 잡아서 내 옷을 전부 벗겨 버렸습니다. 그 때문에 울며 슬퍼하고 있었는데 아까 지나간 야소 신들이 '바닷물을 들쓰고 바람을 맞으며 누워있어라.' 하고 가르쳐 주셨습니다. 그래서 가르쳐준 대로 했더니 온몸이 상처투성이가 되었습니다."

하고 아뢰었다.

그 말을 듣고 오오나무지는 토끼에게

"지금 바로 저 강어귀로 가서 담수에 몸을 씻고 그다음에 강어귀에 나 있는 부들의 화분을 바닥에 뿌리고 그 위에 누워 뒹굴어라. 그러면 틀림없이 피부는 원래대로 돌아올 거야."

하고 말씀하셨다. 그래서 가르쳐준 대로 했더니 토끼의 몸은 원래

상태로 돌아왔다. 이것이 이나바의 흰 토끼다. 지금도 이 토끼를 토끼 신이라고 부르고 있다. 상처가 치유된 그 토끼는 오오나무지 신에게

"야소 신들은 절대 야가미히메를 아내로 얻지 못할 것입니다. 짐을 지고 있는 처지지만 당신이 히메를 아내로 맞게 될 것입니다."

하고 아뢰었다.

<해제>

지혜로운 육지 동물이 어리석은 수중 동물을 속여 강을 건넌다고 하는 형태의 이야기는 인도네시아 제도나 동인도 제도에서도 확인된다. 인도네시아의 이야기에는 홍수로 인해 강을 건널 수 없게 된 자바 애기사슴이 악어를 속이는 내용으로, 악어들을 불러모아 그 등을 밟고 강을 건넌 후 악어의 어리석음을 비웃는나는 내용이다. 일본의 이나바의 흰 도끼 설화도 인도네시아 방면에서 전래된 동물 설화로 이해되고 있다.

오오나무지 신은 민간에서 의료의 신으로 숭배되고 있었으므로, 오오나무지 신의 이야기에 가죽이 벗겨져 신음하는 흰 토끼 설화를 연계하여 오오나무지 신이 의료의 신이라는 사실을 강조한 것이다. 미개 사회에서는 의술을 베풀 능력이 있는 자는 특히 민중으로부터 존경을 받았다. 어쩌면 원시 사회에서 주의(呪医)가 수장이 되고 나아가 왕좌를 차지하는 것은 당연한 일이었을 것이다.

이 단에서부터 '네노쿠니 방문' 단에 걸쳐서 오오나무지 신이 오오쿠니누시로 성장하는 과정이 기술되어 있다. 오오나무지 신이 의료의 신이었던 사실은 오오쿠니누시(大国主)가 되기 위한 자격 조건으로써 필요한 것이었다.

또한, 오오나무지와 야소 신들이 야가미히메에게 구혼하기 위해 떠나는 것은 처 얻기 다툼 설화의 일례로 보이는데, 토끼의 예언을 기다릴 것까지도 없이, 심술궂고 잔인한 야소 신들과는 반대로 오오나무지에게는 자비가 넘쳐, 처 얻기 다툼의 승리자가 되기에 합당한 신으로 그려지고 있다.

야소 신들에 의한 박해

이나바에 도착해서 야가미히메를 만난 야소 신들은 제각각 청혼을 했지만, 야가미히메는

"나는 당신들의 뜻에 따를 수 없습니다. 오오나무지 신과 결혼하겠습니다."

하고 말했다. 그 말을 들은 야소 신들은 화가 나, 오오나무지 신을 죽이려 모의하고 호우키국(伯岐国)30)의 데마 산(手間の山) 기슭으로 오오나무지를 데리고 와서,

"붉은 멧돼지가 이 산에 있다. 우리가 일제히 멧돼지를 아래로 몰 테니까 너는 아래에서 기다리고 있다가 잡아라. 만일 잡지 못하면 반드시 너를 죽일 것이다."

말하고, 멧돼지와 비슷하게 생긴 큰 돌을 불에 달구어 산 아래로 굴렸다. 산 밑에서 기다리고 있던 오오나무지는 그것을 붙잡으려고 하다가 불에 달구어진 바위에 데어 순식간에 숨을 거두셨다. 이 사실을 안 어머니 신이 슬퍼 울며 천상으로 올라와 가미무스히 신에게 살려줄 것을 간청하자, 바로 기사가이히메(赤貝比売)31)와 우무기히메(蛤貝比売)32)를 보내 치료하여 소생하게 하셨다. 그때 기사가이히메는 조개껍질을 갈아 가루를 모으고, 우무기히메는 이것을 기다렸다가 받아 들고 대합의 즙으로 이겨 어머니의 젖처럼 만들어 상처 부위에 발랐다. 그러자 오오나무지는 멋진 남자가 되어 건강하게 걸

---

30) 돗토리 현의 서부.
31) 피조개.
32) 대합조개.

어 다니셨다.

그런데 이것을 본 야소 신들은 또다시 오오나무지를 속여 산으로 데리고 들어가 큰 나무를 잘라 쓰러뜨리고 그 나무에 쐐기를 박아 그 벌어진 틈 사이로 지나가게 했다. 오오나무지가 그 틈으로 들어가자마자 쐐기를 빼내어 압사시켰다. 그래서 또다시 어머니는 울며 오오나무지를 찾아 나서서 발견하고는 서둘러 그 나무를 쪼개 빼내어 부활시켰다. 그리고 자식 오오나무지에게

"너는 여기에 있으면 결국 야소 신들에게 죽임을 당하고 말 것이다." 말하고, 곧장 기이국(木国, 紀伊国)의 오오야비코 신(大屋毘古神)이 있는 곳을 향해 방향을 달리해서 가게 했다. 그러나 야소 신들은 그 사실을 알고 뒤를 밟아 와서는 활에 화살을 걸고 오오나무지를 넘기라고 요구했지만, 오오야비코 신은 오오나무지에게

"스사노오가 계신 네노카타스쿠니(根の堅州国)[33]로 가거라. 분명히 그 큰 신이 잘되도록 도와주실 것이다." 말씀하시고, 오오나무지를 나무의 가랑이 사이로 빠져나가 도주하게 하셨다.

---

33) 짧게는 '네노쿠니(根の国)'라고 한다.

<해제>

오오나무지 신이 야소 신들에게 박해를 당하고 두 번씩이나 살해되는 이야기는 처 얻기 다툼의 비극으로 묘사되고 있다. 붉은 멧돼지를 산 아래로 몰고, 이것을 산 아래에서 기다렸다가 포획하는 내용에는 고대의 수렵 생활이 반영되어 있으며, 큰 나무의 벌어진 틈으로 지나가게 하여 압사시키는 장면에서는 고대의 산림 벌채와 제재 작업의 일면을 엿볼 수 있다. 기사가이히메와 우무기히메가 오오나무지의 화상을 치료하여 소생시키는 이야기는 오오나무지 자신이 의료의 신으로 숭배되고 있던 것과 무관하지 않다.

오오나무지가 기노쿠니(木国, 기이국)를 거쳐 가는 것은 스사노오가 지배하는 네노쿠니를 향해 가기 위한 단계로, 기노쿠니가 네노쿠니로 바로 연결되는 나라, 또는 그 자체를 네노쿠니로 보는 시각이 있었던 것을 시사하는 요소로 파악된다.

한편 오오나무지가 야소 신들의 박해에 굴하지 않고 죽음의 고난을 극복하고 강인하게 소생 부활하는 이야기에는 고대의 미개 사회에서 행해지던 성년 의례로서의 죽음과 부활 의식이 반영되어 있음을 알 수 있다. 이러한 시련은 오오나무지 신이 위대한 오오쿠니누시 신으로 변모하기 위한 과정인 것이다.

네노쿠니 방문

오오야비코 신의 말씀에 따라 스사노오가 계신 곳에 도착하니 대신의 딸인 스세리비메(須勢理毘売)가 나와 오오나무지를 맞이했다. 그런데 둘은 서로의 모습을 보고 눈이 맞아 결혼하고 이제 막 도착한 것처럼 꾸미며 아버지 신에게

"대단히 훌륭한 신이 오셨습니다."

하고 말씀드렸다. 그러자 스사노오가 나와 한 번 보고

"이것은 아시하라시코오(葦原色許男)라는 신이구나."

말씀하시고는 곧바로 불러들여 뱀이 있는 암굴에서 자게 하셨다. 그때 아내 스세리비메가 뱀에게 해를 당하지 않도록 얇은 천을 오오나무지에게 건네주며

"뱀이 물려고 다가오면 이 천을 세 번 흔들어 쫓으세요."

라고 말했다. 그래서 가르쳐 준 대로 했더니 뱀이 순순히 물러나 오오나무지는 편히 자고 그 암굴 방에서 나왔다.

그다음 날 밤은 지네와 벌이 있는 암굴에 들여보내셨다. 이번에도 스세리비메는 지네와 벌을 쫓을 얇은 천을 건네고 방법을 가르쳐 주었다. 그래서 다음 날 아침에도 무사히 그 방에서 나오셨다. 다시 스사노오는 전쟁의 시작을 알릴 때 사용하는 화살을 넓은 들판 속으로 쏴 넣고는 그 화살을 주워오도록 하셨다. 그래서 오오나무지가 그 벌판으로 들어가시자 스사노오가 곧바로 불을 놓아 들은 가장자리부터 타들어 가기 시작했다. 그때 출구를 찾지 못해 곤경에 빠져 있는 오오나무지 앞에 쥐가 나타나

"안은 텅 비어 넓고, 밖은 오므라져 있다."

하고 가르쳐 주었다. 그 쥐가 말한 곳을 밟았더니 갑자기 아래로 빠져들어, 굴에 숨어 계시는 동안 불은 그 위를 태우고 지나갔다. 그리고 쥐가 스사노오가 쏜 화살을 물고 나와 오오나무지에게 드렸다. 화살의 깃은 그 쥐의 새끼들이 전부 갉아 먹어 버렸다.

오오나무지의 아내 스세리비메는 울며 장례 도구를 가지고 나오고, 아버지 대신(大神)은 오오나무지가 이미 죽었을 것으로 생각하시어 그 벌판에 나가 서셨다. 그런데 오오나무지 신이 화살을 찾아 가지고 돌아와 스사노오 앞에 내밀었기 때문에 스사노오는 그를 집 안으로 데리고 들어가, 넓고 큰 암굴 방으로 불러 자기 머리의 이를 잡도록 명하셨다. 오오나무지가 그 머리를 보니 지네가 우글거리고 있었다. 그러자 아내인 스세리비메가 푸조나무 열매와 붉은 흙을 취하여 남편에게 건넸다. 오오나무지는 그 푸조나무 열매를 붉은 흙과 함께 입에 물고 잘게 씹어서 뱉어냈다. 그것을 본 스사노오는 지네를 씹어 뱉어내는 것이라 여기시고, 마음속으로 기특한 놈이라 생각하시며 잠이 드셨다.

이때 오오나무지 신은 스사노오의 머리카락을 잡아 암굴 방의 모든 서까래에 묶고 큰 바위를 그 방의 입구에 앉히고, 자신의 처 스세리비메를 업고 신속히 대신의 보물인 이쿠타치(生大刀), 이쿠유미야(生弓矢)[34] 그리고 아메노노리고토(天の詔琴)[35]를 손에 챙겨 들고 도망치셨다. 그때 노리고토가 나무에 스쳐 대지가 크게 울리며 진동하는 소리가 났다. 잠드셨던 대신이 그 소리에 번쩍 정신이 들어, 그 암굴 방을 쓰러뜨리셨다. 하지만 서까래에 머리가 묶여 있

---

34) 죽은 사람을 소생시키는 주력을 지니고 있다는 신보(神寶)로서의 검과 활, 화살.
35) 신을 부르거나 신의 계시를 받을 때 사용하는 여섯 줄의 신성한 현악기.

어 그것을 푸실 동안 오오나무지 신은 멀리 도주하셨다.

스사노오는 요모쓰히라사카(黃泉比良坂)까지 쫓아와서 아득히 멀리에 있는 오오나무지를 바라보며 큰 소리로

"네가 가지고 있는 그 큰 칼과 활로 너의 배다른 형제들을 언덕 끝으로 몰아 굴복시키고 강가로 쫓아내어 네놈이 오오쿠니누시(大国主神)가 되고, 또 현세의 영혼 신(宇都志国玉神)이 되어라. 내 딸 스세리비메를 정처로 맞아 우카 산(宇迦の山) 기슭에 땅을 깊숙이 파 굵은 기둥을 세우고 치기(千木)36)가 하늘 높이 우뚝 솟은 궁전을 지어라, 이놈아!"

하고 외쳐 말씀하셨다. 그래서 그 칼과 활로 형제인 야소 신들을 몰아내실 때 언덕 언저리까지 몰아 굴복시키시고 강 언저리까지 쫓아내어 나라 만들기를 시작하셨다.

그런데 그 이나바의 야가미히메는 처음에 약속한 대로 오오쿠니누시와 결혼하셨다. 그리고 이즈모로 데리고 오셨지만, 본처인 스세리비메를 두려워하여 자신이 낳은 아이를 나무의 가랑이에 끼워 놓고 이나바(因幡)로 돌아갔다. 그래서 그 아이를 명명하여 기마타 신(木俣神)이라 했으며, 또 다른 이름으로 미이 신(御井神)이라고도 부른다.

---

36) 고대 건축물이나 신사 건축에서 지붕 양 끝 위에 X자 형태로 교차시켜 돌출시킨 긴 목재.

<해제>

앞 단에 이어 오오나무지 신이 위대한 수장으로 성장하기까지의
파란만장한 시련의 과정이 그려지고 있다. 네노쿠니(根の国, 뿌
리의 나라)는 지하 세계이며 동시에 신들의 고향과 같은 영지이
기도 했다. 네노쿠니를 방문한 오오나무지가 스사노오에 의해
뱀이나 지네, 벌의 공간에 들어가고, 더욱이 벌판에 들어갔을 때
화염에 휩싸이게 되는 이야기는 성년식 의례로서 청년에게 부과
된 다양한 고난과 시련을 신화적으로 서술한 것이다. 고대 사회
에서는 성년식을 끝내야만 결혼이 허락되고 어엿한 어른으로서
성인 무리에 들어갈 수 있었다. 스세리비메를 아내로 허락받은
것은 오오나무지가 성년 의식을 마쳤다는 것을 의미한다.

스사노오가 머리의 이를 잡게 하는 장면에서는 푸조나무의 열
매와 붉은 흙을 이용하고 있다. 이는 뱀을 쫓을 때 사용한 얇
은 천과 마찬가지로 사악한 영을 쫓는 주술적 도구로 사용된
것으로 이해된다. 오오나무지 신은 의료의 신이며 동시에 주
술의 신이기도 하다. 오오나무지는 네노쿠니에서 돌아올 때,
스사노오의 신보인 검(生大刀)과 활·화살(生弓矢)과 고토(詔
琴)를 훔쳐 돌아오는데, 이 이야기는 오오나무지 신이 이 신
보들을 손에 넣음으로써 주술사적이고 제사장적인 자격을 갖
추게 되고, 아시하라노나카쓰쿠니의 수장에 걸맞은 오오쿠니
누시 신으로 거듭나게 된 것을 가리킨다.

오오나무지가 신보를 손에 넣어 오오쿠니누시가 되는 이야기
는 천손 니니기가 아마테라스로부터 삼종 신보를 하사받아 아
시하라노나카쓰쿠니의 통치자로서 강림하는 이야기와 대응할
만한 유사한 구조를 띠고 있다.

야치호코의 구혼담

이 야치호코 신(八千矛神)37)이 고시국(高志国)38)의 누나카와히메(沼河比売)에게 청혼하기 위해 출타하셨을 때, 그 누나카와히메의 집에 도착하여

야치호코 신은 야시마쿠니(八島国)39) 안에서는 마음에 드는 처를 얻기 힘들어 멀고 먼 고시국에 현명한 여성이 있다는 말을 들으시고, 아름다운 여성이 있다는 말을 들으시고 구혼하기 위해 쉴 틈 없이 출타하셔서는 큰 칼의 끈도 다 풀지 않으시고 오스이(襲)40)도 아직 벗지 않으시고 처자가 자고 있는 집의 판자 문을 밀어 흔들며 서 계시자, 계속해서 당겨 흔들며 서 계시자 청산에서는 벌써 누에(鵼)41)가 울었다. 들의 꿩은 요란하게 울고 있다. 마당의 닭은 울어 새벽을 알리고 있다. 분하게도 울고 있는 새들이다. 저 새들을 두들겨서 우는 것을 멈추게 해 주어라, 하늘을 나는 심부름꾼 새여! ― 이것을 구승으로 전합니다.

하고 노래하셨다. 하지만 누나카와히메는 그때까지 문을 열지 않고, 안에서

야치호코 신이여, 저는 가녀린 여자이기 때문에 제 마음은 우라스(浦州)

---

37) 오오쿠니누시 신의 또 다른 이름이라고 기술하고 있다. 하지만, 원래는 다른 신의 이름이었던 것으로 추측된다. 이 '노래 이야기(歌物語)'는 야치호코 신을 주인공으로 하는 이야기가 오오쿠니누시 이야기에 편입된 것으로 파악된다.

38) 고시(越国), 즉 호쿠리쿠(北陸) 지방을 가리킨다.

39) 당시 야마토 조정의 지배권이 미치고 있던 역내.

40) 의복의 이름으로 머리에서부터 써서 의상의 위쪽을 덮는 옷. 헤이안 시대 이후에는 신분이 높은 여성이 외출할 때 얼굴을 가리기 위해 뒤집어쓴 홑옷.

41) 머리는 원숭이, 손발은 호랑이, 몸은 너구리, 꼬리는 뱀, 울음소리는 호랑지빠귀와 비슷하다고 전해지는 전설 속 괴물.

에 있는 물새처럼 항상 낭군을 사모하여 찾고 있습니다. 다만 지금은 제 마음대로 행하고 있지만 결국에는 당신 마음대로 될 터이니 새들의 목숨을 빼앗지 말아 주세요. 하늘을 날아다니는 심부름꾼 새여. — 이것을 구승으로 전합니다.

청산의 저편에 해가 넘어가면 밤에는 꼭 나와서 당신을 맞이하겠습니다. 그때 아침 해가 빛나듯 밝은 미소를 띠고 당신은 오셔서 나의 흰 팔과 눈처럼 희고 부드러워 젊디젊은 가슴을 애무하기도 하고 서로 뒤엉켜 구슬과 같이 아름다운 나의 팔을 베개로 삼고 다리를 길게 뻗어 쉬시겠지요. — 이것을 구승으로 전합니다.

하고 노래했다. 그래서 그 밤은 만나지 않고 이튿날 만나셨다.

야치호코 신의 정처인 스세리비메는 무척 질투가 많은 신이었다. 그 때문에 남편 신은 당혹하여 이즈모국(出雲国)에서 야마토국(大和国)으로 올라오시려고 여행 채비를 하고 출발하실 때, 한쪽 손을 말의 안장에 걸치고 한쪽 발을 그 등자(鐙)에 올려놓고 노래하시기를

검은 의상을 잘 갖춰 입고 먼 물 위의 물새가 하는 것처럼 가슴 언저리를 볼 때, 새가 날갯짓하듯 소매를 올렸다 내렸다 하며 보았는데 이것은 어울리지 않는다. 물가로 밀려오는 물결이 빠지듯 뒤로 벗어 던지고, 이번에는 물총새의 날개 같은 파란 의상을 갖춰 입고 먼 곳의 물새처럼 가슴 언저리를 볼 때, 새가 날갯짓하듯 소매를 올렸다 내렸다 하며 보았더니 이것도 어울리지 않는다. 물가로 밀려오는 물결이 빠지듯 뒤로 벗어 던지고, 산 밭에 뿌린 꼭두서니(茜草)[42]를 절구로 찧어 그 즙으로 물들인 옷을 잘 갖춰 입고, 깊은 바다 위의 물새처럼 가슴을 볼 때, 새의 날갯짓처럼 소매를 올렸다 내렸다 하며 보았더니 이것은 잘 어울린다. 사랑스러운 아내여, 새떼가 날아오르는 것처럼 내가 많은 수행원을 데리고 갔다고 하면, 자리를 뜨는 새처럼 내가 많은 수행원에 이끌려 가 버린다면 그대는 절대 울지 않겠

---

42) 꼭두서닛과의 다년생 만초. 산이나 들에 절로 나는데, 줄기는 네모지고 짧은 가시가 있다. 잎은 네 잎씩 돌려 나고, 여름에 노란 꽃이 핀다. 뿌리는 물감의 원료로 쓰인다.

다고 강한 척 말해도, 산기슭에 서 있는 한 줄기 억새처럼 고개를 숙이고 울고 말겠지요. 그대의 탄식은 아침 비가 안개가 되어 자욱하게 낀 것처럼, 탄식의 안개가 자욱하게 피겠지요. 사랑스러운 아내여. — 이것을 구승으로 전합니다.

하고 읊으셨다. 그래서 그 정처는 큰 술잔을 들고 남편 신 옆에 머물러 서서 술잔을 올리며

야치호코 신은 나의 오오쿠니누시 신이요. 당신은 남자이시기 때문에 여기저기 들르는 섬의 곶[43]마다, 들르는 바위 곶마다 모든 곳에 처를 두고 계시겠지요. 그와 달리 나는 여자의 몸이기에 당신 이외에 남자는 없습니다. 당신 이외에 남편이 없습니다. 능직물 장막이 살랑살랑 내리쳐져 있는 곳에서, 모시풀 침구가 부드러운 곳에서, 닥나무 침구가 바삭바삭 울리는 곳에서, 부드러운 눈처럼 희고 생기 넘치는 가슴을, 닥나무의 밧줄처럼 흰 팔을 애무하고 서로 껴안고 나의 아름다운 손을 팔베개로 하고 다리를 길게 뻗고 쉬세요. 자, 술을 드세요.

하고 노래 부르셨다. 이렇게 읊으신 후 곧바로 술잔을 나누시며 부부 관계를 돈독히 하시고, 서로 목에 팔을 걸고 현재에 이르기까지 화목하게 진좌해 계신다. 이상의 다섯 수를 신어가(神語歌)[44]라고 한다.

---

43) 바다나 호수에 가늘게 뻗어 있는 육지의 끝부분. 갑(岬). 지취(地嘴).
44) 신사(神事)를 이야기식으로 전하는 노래의 의미로, 이후 궁정 가곡의 명칭으로 사용되고 있다.

<해제>

신어가(神語歌)는 야치호코 신을 주인공으로 하는 구혼담을 다섯 수(首)의 가요로 읊어 전한 것이다. 이 신어가가 오오쿠니누시와 연관될 경우 누나카와히메나 스세리비메 등과 결합하여 극적인 구성을 띠게 된다. 신어가가 본래 궁정의 향연에서 불린 가곡이었다는 사실은 "술잔을 나누시며"의 어구를 통해서도 알 수 있다.

다섯 수의 신어가는 『고사기』와 『일본서기』의 가요 중에서 특별히 긴 노래에 속하며, 가사와 표현법에도 새로운 시대를 엿볼 수 있는 수사가 발견된다. 특정한 어떤 말 앞에 놓여 어조를 고르는 역할을 하는 '마쿠라코토바(枕詞)'로 "ぬばたまの"나 "若草の" 등이 사용되고 있는 점으로 미루어, 만요(万葉) 시대에 들어와서 제작되었을 가능성이 농후하다. 또한, 남신이 치장을 하고 외출하자 아내 신이 슬퍼 탄식하는 모습을 아침 안개비에 젖은 한 줄기 억새가 고개를 떨군 모습에 비유하고 있는 것은 매우 상징적이며 짙은 서정성을 띠고 있다. 이러한 표현을 통해서도 노래가 제작된 지 얼마 지나지 않았음을 알 수 있다.

신어가에는 어로에 종사하는 집단의 생활이나 체험과 관계가 깊은 어구가 다수 사용되고 있다. 예를 들어 "우라스(浦州)의 섬", "먼 물 위의 물새가 하는 것처럼 가슴 언저리를 볼 때", "물가로 밀려오는 물결이 빠지듯 뒤로 벗어 던지고", "여기저기 들르는 섬의 곳마다" 등이 그것이다. 그리고 섬이 많이 등장하는 것도 주목할 만하다. 이러한 특징을 가진 신어가는 원래 어로 집단에서 발생한 소리꾼이 궁정에서 행하는 니이나메

제사(新嘗祭)의 연회 등에서 노래한 가요였을 것으로 해석된
다. 먼 고장인 고시국(高志国)까지 구혼을 위해 떠난다는 것
도 야마토 조정이 호쿠리쿠(北陸) 지방의 지배권을 확립한 7
세기 중반 무렵의 정치 정세와 관계가 있을 것으로 보인다.
"나의 흰 팔과 눈같이 희고 부드러워 젊디젊은 가슴을"이라고
시작되는 10구의 관능적 묘사의 어구는 누나카와히메의 노래
와 스세리비메의 노래에 공통으로 사용되고 있다. 신어가가
오오쿠니누시의 구혼가로 개직되있기 때문에 이처럼 동일 어
구가 두 수에 모두 보이게 되었을 것이다.

오오쿠니누시의 후예

　그런데 이 오오쿠니누시 신이 무나카타(宗像)의 오키쓰 궁(奧つ宮)에 진좌하신 신 다키리비메(多紀理毘売)를 아내로 맞아 낳은 아이가 아지스키타카히코네 신(阿遲鉏高日子根神)과 그 여동생 다카히메(高比売)이다. 다카히메의 다른 이름은 시타테루히메(下光比売)라고 한다. 아지스키타카히코는 가모 대신(迦毛の大御神)이라고 불리고 있다.

　오오쿠니누시 신이 또 가무야타테히메(神屋楯比売)를 아내로 맞아 낳은 아이는 고토시로누시 신(事代主神)이다. 또 야시마무지 신(八島牟遲能神)의 딸 도토리 신(鳥取神)을 처로 삼아 낳은 자식은 도리나루미 신(鳥鳴海神)이다. 이 신이 히나테루누카타비치오이코치니 신(日名照額田毘道男伊許知邇神)을 처로 삼아 낳은 자식은 구니오시토미 신(国忍富神)이다. 이 신이 아시나다카 신(葦那陀迦神), 또 다른 이름인 야가와에히메(八河江比売)를 아내로 맞아 낳은 자식은 하야미카노타케사하야지누미 신(速甕之多気佐波夜遲奴美神)이다. 이 신이 아메노미카누시 신(天之甕主神)의 딸 사키타마히메(前玉比売)를 처로 삼아 낳은 자식은 미카누시히코 신(甕主日子神)이다. 이 신이 오카미 신(淤加美神)의 딸 히나라시비메(比那良志毘売)를 아내로 맞아 낳은 자식은 다히리키시마루미 신(多比理岐志麻流美神)이다. 이 신이 히히라기노소노하나마즈미 신(比々羅木之其花麻豆美神)의 딸 이쿠타마사키타마히메 신(活玉前玉比売)을 아내로 맞아 낳은 자식은 미로나미 신(美呂浪神)이다. 이 신이 시키야마누시 신(敷山主神)의 딸 아오누우마누오시히메(青沼馬沼押比売)를 아내로 맞아 낳은 자식은 누노오시토미토리나루미 신(布忍富鳥鳴海神)이다. 이 신이 와카쓰쿠시메 신(若尽女神)을 처로 삼아 낳은 자식은 아메노히바라오오시나도미 신(天日腹大科度美神)이다. 이 신이 아메노사기리 신(天狹霧神)의 딸 도호쓰마치네 신(遠津待根神)을 처로 삼아 낳은 자식은 도호쓰야마사키타라시 신(遠津山岬多良斯神)이다.

위에 나열한 야시마지누미 신으로부터 도호쓰야마사키타라시 신까지의 신들을 십칠대 신이라고 한다.

<해제>

이 계보의 마지막에 "위에 나열한 야시마지누미 신으로부터 도호쓰야마사키타라시 신까지……."라고 기술하고 있다. 야시마지누미 신은 스사노오의 후손을 기록한 계보 안에는 스사노오와 구시나다히메의 사이에서 태어난 신으로 되어 있다. 이를 토대로 추정해 보면 오오쿠니누시의 후예를 나열한 본 단의 계보는 원래 스사노오의 계보에 연결되어 있던 것이 분리된 것으로 파악된다.

오오쿠니누시 신의 후예로 열거되고 있는 이름 중에는 출처가 불분명한 신이 많은데, 이들 신 중에서 특히 주목할 만한 신은 오오쿠니누시의 자식으로 알려진 아지스키타카히코네 신과 고토시로누시 신이다. 아지스키타카히코네는 아메노와카히코(天若日子) 신화에 등장하며, 고토시로누시는 오오쿠니누시의 국토 이양 신화에서 중요한 역할을 맡고 있다. 원래 아지스키타카히코네는 고토시로누시와 함께 야마토(大和) 가쓰라기(葛城)의 가모(賀茂) 신으로서 숭배되던 신이며 오오나무지 신과는 무관한 신이다. 아지스키타카히코네가 물신의 성격을 지닌 농경신이며, 고토시로누시가 신의 탁선(託宣)을 담당하는 신으로 숭배되고 있던 사실은 앞에서 기술한 바 있다.

스쿠나비코나와 미모로 산의 신

한편 오오쿠니누시가 이즈모의 미호 곶(美保の岬)에 계실 때, 파도 위로 가가이모(蘿藦)45)의 꼬투리를 갈라 만든 배를 타고, 나방의 껍질을 완전히 벗겨 의복으로 해서 입고 다가오는 신이 있었다. 그래서 그 이름을 물으셨으나 대답하지 않았다. 이상히 여겨 수행하고 있는 신들에게 물으셨지만, 하나같이

"모릅니다."

하고 말씀드렸다. 그때 두꺼비가

"구에비코46)는 분명히 알고 있겠지요."

하고 아뢰었기 때문에 곧바로 구에비코를 불러 물으시자

"이 신은 가미무스히 신(神産巣日神)의 아들인 스쿠나비코나 신(少名毘古那神)입니다."

하고 대답해 드렸다.

그래서 오오쿠니누시가 가미무스히 조신(祖神)에게 이 사실을 말씀드렸더니

"이는 틀림없는 나의 자식입니다. 자식 중에서 나의 손가락 사이로 새어 나온 자식입니다."

대답하시고, 스쿠나비코나에게는

"너는 아시하라시코오(葦原色許男)47)와 형제가 되어 그 나라를 굳건히 만들어라."

---

45) 다년생 넝쿨 식물인 콩의 일종으로 긴 뿌리와 줄기가 있으며, 과실은 10센티 정도의 타원형으로 종자에는 흰색의 긴 털이 나 있다.

46) 허수아비에게 부여한 신명.

47) 오오쿠니누시의 다른 이름.

분부하셨다. 그렇게 해서 오오나무지(大穴牟遲)와 스쿠나비코나 두 신은 협력하여 이 나라를 굳건히 만들었다. 그리고 이후 그 스쿠나 비코나 신은 우나바라(海原, 바다)의 저편 불로불사의 나라[48]로 건 너가셨다. 한편 그 스쿠나비코나에 대해 소상히 말씀드린 구에비코 는 현재 야마다(山田)의 소호도라고 불리는 허수아비다. 이 신은 발 로는 걸을 수 없지만, 천하의 모든 일을 알고 있는 신이다.

남겨진 오오쿠니누시는 걱정이 되어

"나는 혼자인데 어떻게 하면 이 나라를 단단히 다질 수 있을까. 어떤 신이 나와 협력하여 이 나라를 함께 만들 것인가."

하고 말씀하셨다. 이때 해상을 비추며 가까이 다가오는 신이 있었 다. 그 신은

"정성을 다해 나의 혼을 제사 지낸다면 나는 그대를 도와 함께 나라 만들기를 완성할 것이다. 만일 그리하지 않는다면 나라 만들 기는 할 수 없을 것이다."

하고 말씀하셨다. 그런 이유로 오오쿠니누시가

"그러면 당신의 혼을 제사 드리기 위해서 어떻게 하면 좋을까요?"

하고 아뢰자,

"야마토를 울창하게 둘러싸고 있는 산 중, 동쪽 산 위에서 몸을 정결히 하여 나의 혼을 제사 지내라."

분부하셨다. 이것이 미모로 산(御諸山)[49] 위에 진좌해 계신 신이다.

---

48) 도코요노쿠니(常世の国)라고 쓰며, 불로불사의 세계라는 의미를 갖고 있다.

49) 미모로는 신령이 거하는 신좌를 말한다. 여기서는 미와 산(三輪山)을 가리킨다.

<해제>

오오나무지 신을 도와 '나라 만들기'를 했다고 전해지는 스쿠
나비코나 신은 작은 신이었다. 가미무스히 신의 손가락 사이
로 빠져나온 신이라고 묘사되고 있는 점을 통해서도 소인 신
으로 취급되었던 것을 알 수 있다. 『호우키 풍토기(伯耆風土
記)』와 『일본서기』에는 스쿠나비코나가 조를 뿌려 조가 여물
었을 때 조의 술기에 튕겨 불로불사의 나라(常世国)로 건너갔
다고 하는 설화가 전해진다.

바다의 저편에서 건너오거나 바다 저편 불생불사의 나라로 사
라진 신이라는 점은, 바다 저편의 이향(異郷)인 '미라이카나
이'에서 풍요를 가져다준다는 오키나와의 곡령(穀靈) 신앙과
상통하는 부분이 있다. 이 신의 정체에 관해 서술할 때 나방
이나 허수아비가 등장하는 것도 스쿠나비코나가 생산이나 농
경과 관계가 깊은 신이라는 사실을 시사한다. 허수아비도 예
전에는 논의 신이 머무는 물체로써 세워져 논의 수호신 역할
을 했다. 스쿠나비코나의 협력을 얻어 시작했다고 하는 오오
나무지의 '나라 만들기'는 농경과 토지 개간에 관계된 일이었
다고 보아도 좋을 것이다. 오오나무지와 스쿠나비코나 두 신
의 농경 생활을 둘러싼 흥미로운 설화는 『하리마 풍토기(播磨
風土記)』에도 확인된다.

스쿠나비코나 신이 사라진 뒤, 오오쿠니누시에게 제사를 요구
했다고 하는 미모로 산(三諸山)의 신 이야기는 미와 산(三輪
山)을 신체(神体)로 하는 오오미와(大神) 신사의 기원이다. 미
와의 신도 마찬가지로 농경과 관계가 깊은 물을 지배하는 신
으로서 예로부터 야마토에서 숭배되던 신이다. 『일본서기』에

서 미와 산의 신은 행복을 가져다주거나 불가사의한 힘을 가진 오오나무지 신의 영혼이라고 하며, 오오나무지 신과 동일시되고 있지만, 본디 별개의 신이었다. 미와 산 전설은 『고사기』 중권의 스진(崇神) 천황 조에 관련 기록이 보인다.

오오토시의 후예

한편 그 오오토시 신(大年神)50)이 가무이쿠스비 신(神活須毘神)의 딸 이노히메(伊怒比売)를 아내로 맞아 낳은 자식은 오오쿠니미타마 신(大国御魂神), 다음으로 가라 신(韓神),51) 이어서 소호리 신(曽富理神),52) 이어서 시라히 신(白日神), 다음으로 히지리 신(聖神) 이렇게 다섯 신이다. 그리고 가요히메(香用比売)를 처로 삼아 낳은 자식은 오오카구야마토미 신(大香山戸臣神), 이어서 미토시 신(御年神) 두 신이다. 또한 아메치카루미즈히메(天知迦流美豆比売)를 처로 삼아 낳은 자식은 오키쓰히코 신(奥津日子神), 이어서 오키쓰히메(奥津比売)이며 다른 이름은 오오헤히메 신(大戸比売神)이다. 이 신은 사람들이 소중히 제사 드리고 있는 부뚜막 신(竈の神)이다. 다음으로 태어난 것은 오오야마쿠이 신(大山咋神)이며, 다른 이름은 야마스에노오오오누시 신(山末之大主神)이라고 한다. 이 신은 오우미국(近江国)의 히에이 산(比叡山)과 가도노(葛野)의 마쓰오(松尾)에 진좌하고 있으며 우는 화살(鳴鏑)53)을 신체(神体)로 하는 신이다. 다음으로 태어난 것은 니와쓰히 신(庭津日神), 다음은 아스하 신(阿須波神), 다음은 하히키 신(波比岐神), 이어서 가구야마토미 신(香山戸臣神), 다음으로 태어난 것은 하야마토 신(羽山戸神), 이어서 니와타카쓰히 신(庭高津日神), 이어서 오오쓰치 신(大土神), 다른 이

---

50) 스사노오의 후예를 언급한 전승 중, 스사노오와 가무오오이치히메(神大市比売) 사이에서 태어난 신이라고 한다.
51) '가라'는 가야, 또는 한반도 전체를 가리키는 말로, 가야계 신, 또는 한반도계 신을 가리킨다.
52) 신라의 '서라벌'을 가리키는 말로 신라계 신을 가리킨다.
53) '나리카부라'라고 읽는다. 전쟁의 신호로 사용하거나 상대를 위협할 때 사용하는 화살이다.

름은 쓰치노미오야 신(土之御祖神)으로, 이렇게 아홉 신이다.

위에서 언급한 오오토시 신의 자식 오오쿠니미티미 신에시 오오쓰치 신까지 합해서 열여섯 신이다.

하야마토 신이 오오게쓰히메 신(大気都比売神)을 처로 맞아 낳은 자식은 와카야마쿠이 신(若山咋神), 이어서 와카토시 신(若年神), 이어서 여동생 와카사나메 신(若沙那売神), 이어서 미즈마키 신(弥豆麻岐神), 이어서 나쓰타카쓰히 신(夏高津日神)으로 다른 이름은 나쓰노메 신(夏之売神), 이어서 아키비메 신(秋毘売神), 이어서 구쿠토시 신(久々年神), 이어서 구쿠키와카무로쓰나네 신(久々紀若室葛根神)이다.

위에서 언급한 하야마토 신의 자식 와카야마쿠이 신에서 와카무로쓰나네 신까지 합해서 여덟 신이다.

<해제>

오오토시 신의 후예에 관한 이 전승은 스사노오가 이즈모의 스가에 궁정을 조영하는 이야기에 연결되는 계보를 이어받아 기술되고 있다고 할 수 있다. 오오토시 신의 후예로 등장하는 신 중에서 주목할 만한 신은 히에(日枝) 신사의 제신(祭神)인 오오야마쿠이 신과 마쓰오(松尾) 신사의 제신이다. 마쓰오 신사는 다이호(大宝) 원년(701) 하타노 이미키쓰리(秦忌寸都理)에 의해 창건되었다고 전해진다. 도래계 씨족인 하타(秦) 씨는 이전부터 씨족신(氏神)으로 신봉하고 있던 히에이 산(比叡山)의 오오야마쿠이 신을 하타 씨의 본거지인 가도노(葛野)의 마쓰오 신사로 옮겨 와 제사 지낸 것으로 보인다. 그 밖에 가라 신(韓神), 소호리 신(曽富理神), 히지리 신(聖神) 등도 하타 씨와 한반도계 도래인이 신앙하던 신들이다.

마쓰오 신사의 '우는 화살(나리카부라)'을 신령이 머무는 물체로 하는 신은 시모가모(下賀茂) 신사의 제신과 동일한 뇌신(雷神)이며, 이 번개 신은 농경과 밀접한 신으로 숭배되었다. 오오토시 신의 후예 안에 농경이나 곡물, 부뚜막 등과 관련한 신들이 등장하는 것은 자연스러운 일이다. 하야마토 신(羽山戸神)에서부터 와카무로쓰나네 신(若室葛根神)까지의 계보는 처녀가 모내기를 하고, 물을 대고, 한여름의 태양이 내리쬐고, 가을에는 벼가 자라 열매를 맺어 추수를 기념하는 제사인 니이나메 제사(新嘗祭)를 행하기 위한 건물을 신축하기까지의 과정을 그린 계도형 신화로서 흥미로운 소재를 포함하고 있다.

05

아시하라노나카쓰쿠니 평정

아메노호히와 아메노와카히코

아마테라스 대신은

"도요아시하라노 치아키나가이호아키노 미즈호노쿠니(豊葦原の 千秋長五百秋の水穗国)[54]는 우리 자식인 마사카쓰카쓰카치하야히아 메노오시호미미(正勝吾勝勝速日天の忍穗耳)가 지배해야 할 나라다."

분부하시고 아들을 다카마노하라(高天の原)에서 내려보내셨다. 강림하게 된 아메노오시호미미는 내려가는 도중, 천상에 떠 있는 다리(天の浮橋)에 서서

"도요아시하라노 치아키나가이호아키노 미즈호노쿠니는 심히 소란스러운 모습이다."

라고 말씀하시며 다시 천상으로 되돌아와서 아마테라스 신에게 이해를 구했다.

그런 연유로 다카미무스히 신(高御産巣日神)과 아마테라스 신은

---

54) '도요아시하라(豊葦原)'는 곡물이 풍성히 자라는 들판을 가리키며, '치아키나가이호아키(千秋長五百秋)'는 수 천 년에 걸친 장구한 시간을, '미즈호노쿠니(水穗国)'는 벼가 왕성하게 자라는 나라를 가리킨다. 줄여서 '아시하라노나카쓰쿠니(葦原の中国)'라 하며, 일본 열도를 일컫는 말이다.

명령을 내려, 천상의 야스노카와 강(天の安河) 강변에 모든 신을 소집해 오모이카네 신(思金神)과 방책을 생각하게 하시고

"이 아시하라노나카쓰쿠니(葦原の中国)는 나의 아들 아메노오시호미미가 통치할 나라로 위임한 곳이다. 그런데 이 나라에는 거칠고 사나운 위세를 떨치는 난폭한 지상신(国つ神)이 많은 것 같다. 어느 신을 파견하여 이를 평정하면 좋겠는가?"

하고 물으셨다. 오모이카네 신과 모든 신이 상의하여

"아메노호히 신(天菩比神)을 파견하는 것이 좋을 듯합니다."

하고 아뢰었다. 그렇게 아메노호히 신이 파견되었는데, 이 신은 오오쿠니누시 신에게 들러붙어 아첨하며 3년이 넘도록 복명하지 않았다.

그러자 다카미무스히 신과 아마테라스 신은 다른 많은 신에게

"아시하라노나카쓰쿠니에 보낸 아메노호히 신이 오랫동안 복명을 하지 않고 있다. 이번에는 어떤 신을 파견하면 좋겠는가?"

하고 물으셨다. 그때 오모이카네 신이

"아마쓰쿠니타마 신(天津国玉神)의 아들인 아메노와카히코(天若日子)를 파견하는 것이 좋을 듯합니다."

하고 아뢰었다. 그래서 천상의 마카코유미 활(天の真鹿児弓)[55]과 천상의 하하야 화살(天の羽羽矢)[56]을 아메노와카히코에게 하사하여 파견하셨다. 그런데 아메노와카히코는 아시하라노나카쓰쿠니에 내려와 곧장 오오쿠니누시 신의 딸 시타테루히메(下照比売)를 아내로 맞고, 그 나라를 자신의 것으로 만들려는 의도를 품어 8년이 지나

---

55) 고대, 사슴이나 멧돼지 등의 대형 동물을 잡을 때 사용한 활.
56) '하하'는 큰 뱀으로, 큰 뱀처럼 위력이 있는 화살을 가리킨다.

도록 복명하지 않았다.

그래서 아마테라스와 다카미무스히 신은 다시 천상의 많은 신에게

"아메노와카히코가 오랫동안 복명하지 않고 있다. 이번에는 어떤 신을 보내 아메노와카히코가 오래도록 머물러 있는 이유를 알아보게 하면 좋겠소?"

하고 말씀하셨다. 이때 많은 신과 오모이카네 신이

"꿩 중에 이름이 나키메(鳴女)라 하는 자가 있는데, 그를 보내는 것이 좋을 듯합니다."

하고 말씀드리자 그를 불러

"너는 가서 아메노와카히코에게 '그대를 아시하라노나카쓰쿠니에 파견한 것은 그 나라의 광포한 신들을 복종시키고 귀환하라는 의미였다. 그런데 어찌하여 8년이 되도록 복명하지 않고 있는 것인가?' 하고 물어라."

하고 분부하셨다.

그런 이유로 나키메는 다카마노하라에서 내려와 아메노와카히코의 집 문 앞에 있는 신성한 계수나무 위에 앉아 천상신들의 분부를 상세하게 전했다. 그때 아메노사구메(天のさぐめ)가 이 새가 하는 말을 듣고 아메노와카히코에게

"저 새는 우는 소리가 매우 불길합니다. 그러니 쏴 죽이세요."

하고 권했다. 그러자 아메노와카히코는 천상신이 하사한 천상의 옻나무 활(櫨弓)과 천상의 가쿠야 화살(鹿児矢)[57]을 취하여 그 꿩을 쏴 죽였다. 그런데 그 화살은 꿩의 가슴을 관통하고 하늘로 치솟아 천상의 야스노카와 강변의 아마테라스와 다카기 신(高木神)이 계신

---

57) 사슴을 사냥하는 화살.

곳까지 도달했다. 다카기 신은 다카미무스히 신의 다른 이름이다. 이 다카기 신이 화살을 주워 살펴보시자 그 화살의 깃에 피가 묻어 있었다. 그래서 다카기 신은

"이 화살은 아메노와카히코에게 하사한 것이다."

말씀하시며, 곧바로 많은 신을 향해

"만일 아메노와카히코가 명령에 따라 사악한 신을 쏜 화살이 여기까지 날아온 것이라면 아메노와카히코는 무사하겠지만, 만일 사심을 품고 있는 것이라면 아메노와카히코는 이 화살에 맞아 죽으리라."

하고 말씀하시며, 화살을 들어 화살이 날아온 구멍으로 다시 던졌다. 그리고 아침 녘 침상에서 자고 있던 아메노와카히코는 이 화살에 가슴을 맞아 죽고 말았다. 이것이 '되돌려 쏜 화살'[58]의 기원이다. 결국, 그 꿩은 돌아오지 못했다. 그래서 지금 속담에도 '가서는 돌아오지 않는 사자'[59]라는 말이 있는데, 기원은 이것이다.

---

58) '가에시 야(返し矢)', 적진에서 날아온 화살을 취해 반대로 쏘아 날리는 일, 또는 그 화살.
59) '기기시노 히타즈카이(きぎしの頓使)', '가서는 돌아오지 않는 사자'라는 의미로, 한국의 '함흥차사'와 유사한 말.

<해제>

『고사기』에서는 다카미무스히 신과 아마테라스 신을 천상(다카마노하라)의 최고신으로 그리고 있는데, 『일본서기』 본문에서는 다카미무스히를 다카마노하라의 주재신으로 하고 있으며 또한 "황조(皇祖) 다카미무스히"라고도 기록하고 있다. 다카미무스히 신을 황조신으로 하는 『일본서기』 본문의 전승을 더 오래된 것으로 보는 견해가 있다. 또한, 『일본서기』에서는 지상의 국토를 "아시하라노나카쓰쿠니(葦原の中国)"라고 기술하고 있지만, 『고사기』에서는 "도요아시하라노 치아키나가이와아키노 미즈호노쿠니(豊葦原の千秋長五百秋の水穂国)"라고도 기술하여 벼가 풍요로운 나라로서 칭송하고 있다. 그리고 천상에서 이 나라로 파견되는 신들은 아메노호히, 아메노와카히코, 아메노오시호미미처럼 벼 관련 곡신의 성격을 가진 신이 많다.

아시하라노나카쓰쿠니(지상)에 혈기 넘치고 거친 신이 많다고 하는 것은 다카마노하라(천상)에서 본 지상의 상황이다. 아시하라노나카쓰쿠니에 대한 관념은 야마토(大和)에 대치하는 이즈모(出雲) 지방을 중심으로 형성되어 있으며, 오오쿠니누시의 '국토 이양'을 통해 지상 평정은 완료된다. 당연히 이즈모를 배경으로 펼쳐지는 이 이야기에는 야마토 조정이 이즈모를 중심으로 하는 산인(山陰)[60] 지방에 침투해 가는 과정을 투영하고 있다고 볼 수 있다.

천상에서 내려온 아메노와카히코는 지상을 지배하고자 하는

---

60) 교토 부(京都府) 및 효고 현(兵庫県) 일부와 추고쿠(中国) 지방 중에서 한반도의 동해에 면하고 있는 각 지방을 포함한다.

야심을 품었다가 자신이 쏜 화살에 맞아 죽고 만다. 천상신에게 반역하여 자신이 쏜 화살에 맞아 숨지는 이야기는 구약성서의 창세기에 등장하는 니므롯을 주인공으로 하는 이야기와 유사하다. 신을 믿지 않는 니므롯이 신을 노려 하늘을 향해 활을 쏘았는데, 신이 이 화살을 잡아 다시 아래로 던져 니므롯의 가슴판을 꿰뚫었다는 이야기다. 이 니므롯의 이야기가 인도에 전해지고 더 나아가 고대 중국과 동남아시아를 통해 일본으로 건너왔다는 설이 확인된나.

아지시키타카히코네

한편, 남편 아메노와카히코를 잃은 시타테루히메의 울음소리가
바람이 부는 대로 울려 퍼져서 천상에까지 도달했다. 그런 이유로
천상에 있는 아메노와카히코의 아버지 아마쓰쿠니타마 신(天津国玉
神)과 그 처자가 이 소리를 듣고 내려와서 슬피 울며, 그곳에 빈소
를 만들어, 강 기러기를 음식 운반 담당으로, 해오라기를 청소하는
비 담당으로, 물총새를 제사 음식을 만드는 요리사로, 참새를 쌀 찧
는 여자로, 꿩을 곡하는 여자로 하여, 각각 장의(葬儀) 역할을 정하
고 여덟 낮 여덟 밤 동안 가무(歌舞)하며 죽은 자를 위로했다.

그때 아지시키타카히코네 신(阿遲志貴高日子根神)61)이 찾아와서
아메노와카히코의 상(喪)을 조문하는데, 천상에서 내려온 아메노와
카히코의 아버지와 처가

"내 아들은 죽지 않고 살아 있었어."

"나의 남편은 죽지 않고 살아 계셨어."

라고 말하며 아지시키타카히코네 신의 팔다리에 매달려 우는 것이
었다. 이처럼 아지시키타카히코네 신을 아메노와카히코로 착각한
이유는 이 두 신의 얼굴과 모습이 매우 닮았기 때문이었다. 그런
까닭에 아지시키타카히코네 신은 매우 화가 나

"나는 친한 벗이기 때문에 조문하러 온 것인데, 어찌하여 나를
부정한 죽은 자에 비유하는 것인가."

라고 말하며 몸에 차고 있던 도쓰카 검을 빼 그 빈소를 베어 넘어
뜨리고 발로 차서 날려 버렸다. 이것이 미노국(美濃国)의 아이미 강

---

61) 앞의 '오오쿠니누시의 후예'에 등장하는 '아지스키타카히코네 신(阿遲鉏高日子根神)'과 동일 신이다.

(藍見河) 위에 있는 모야마(喪山)라 부르는 산이다. 당시 빈소를 자른 큰 칼의 이름은 오오하카리(大量)라 하며 또 다른 이름은 가무도노쓰루기(神度劍)라고 한다. 그리고 아지시키타카히코네 신이 화를 내며 나갔을 때, 그 동모(同母)의 여동생 다카히메(高比売)는 오빠 아지시키타카히코네 신의 이름을 밝히려고 생각했다. 그래서

천상에서 베틀 짜는 젊디젊은 직녀가 목에 걸고 있는 끈에 꿴 구슬, 그 끈에 꿴 구슬 같은 빛이여, 그처럼 계곡 두 개를 넘어 빛나는 신은 아지시키타카히코네 신이오.

하고 노래 불렀다. 이 노래는 지방풍의 궁정 가곡이다.

<해제>

아지시키타카히코네 신은 본디 이즈모계의 농경과 관련이 깊은 뇌사신(雷蛇神)으로, 물의 신이며 검(劍)의 신이기도 했던 것으로 알려져 있다.

아메노와카히코의 장례식에 기러기, 해오라기, 물총새, 참새, 꿩 등의 조류가 활약하는 것은 사후에 영혼이 새가 되어 하늘에 오르거나 새에 의해 피안으로 운구된다고 하는 고대 민족의 공통적인 신앙에 따른 것이라고 전해진다.

아메노와카히코의 장례식 때 조문하러 온 아지시키타카히코네와 죽은 아메노와카히코를 분간하지 못했다는 이야기는, 해마다 곡신이 죽고 다시 소생한다고 하는 곡신의 죽음과 부활 신앙을 중심으로 하는 농경 제의에서 유래된 것으로 볼 수 있다. "내 아들은 죽지 않고 살아 있었어……."라는 말에서 곡신의 죽음과 부활 신앙의 흔적을 엿볼 수 있다. 이 신앙이 변형되어 아메노와카히코와 용모가 유사한 아지시키타카히코네 신이 결합하여 등장하게 된 것으로 파악된다. 아메노와카히코와 아지시키타카히코네는 원래 별개의 신이지만, 곡물과 관계가 깊은 신이라는 공통점을 가지고 있다.

다케미카즈치와 고토시로누시

그 후 아마테라스 대신은

"다음은 어느 신을 파견해야 좋을까?"

말씀하셨다. 그때 오모이카네 신과 많은 신이

"천상의 야스노카와 강 상류의 천상의 바위굴(天の石屋)에 계신 이쓰노오하바리(伊都之尾羽張神)라는 이름의 신을 보내는 것이 좋겠습니다. 그런데 그 아메노오하바리(이쓰노오하바리) 신이 천상의 야스노카와 강물을 막아 역류시키고 길을 가로막고 있어서, 다른 신은 다가가지 못합니다. 그러니 꼭 아메노카쿠 신(天迦久神)을 보내어 의향을 묻는 것이 좋을 듯합니다."

하고 아뢰었다. 그래서 아메노카쿠 신을 보내어 아메노오하바리 신에게 묻자

"분부대로 하겠습니다. 받들어 모시겠습니다. 그러나 사자로는 저의 아들인 다케미카즈치(建御雷神)를 파견하는 것이 좋겠습니다."

말씀드리고 곧바로 자신의 아들을 보내드렸다. 그렇게 해서 아마테라스 대신은 아메노토리후네 신(天鳥船神)을 다케미카즈치 신과 더불어 아시하라노나카쓰쿠니에 파견하셨다.

그런 이유로 이 두 신은 이즈모국의 이자사(伊耶佐)의 오바마(小浜)에 내려와 도쓰카 검(十拳劍)을 빼 파도 위에 거꾸로 꽂아 세우고, 그 검의 뾰족한 끝에 가부좌를 틀고 오오쿠니누시 신에게

"우리는 아마테라스 대신과 다카기 신의 분부에 따라 그대의 의향을 묻기 위해 파견되었다. 그대가 영유하고 있는 아시하라노나카쓰쿠니는 '내 아들이 다스려야 할 나라'로서 통치권을 위임하셨는

데, 그대 생각은 어떤가."

하고 물으셨다. 그때 오오쿠니누시 신은

"나는 답할 수 없습니다. 나의 아들 야에코토시로누시(八重言代
主神)가 답변 드리겠지요. 그런데 지금 새 사냥과 물고기잡이로 미
호 곶(美保の崎)으로 외출하여 아직 돌아오지 않았습니다."

하고 아뢰었다. 그러자 다케미카즈치는 아메노토리후네 신을 보내
어 야에코토시로누시 신을 가까이 불러와 의향을 물었다. 그러자
고토시로누시는 아버지 오오쿠니누시 신에게

"황공하옵니다. 이 나라는 천상신의 아드님께 올려 드리지요."

라 말하고, 곧바로 타고 온 배를 밟아 기울이고 '아마노사카테(天の
逆手)'62)를 쳐서 배를 푸른 잎의 섶나무 울타리로 바꿔 그 안에 숨
어 버렸다.

---

62) 주술의 하나로 일을 성취하기 위한 서약이나 사람을 저주할 때 치는 박수.

<해제>

아메노호히 신에 이어 아메노와카히코를 정벌자로 아시하라노 나카쓰쿠니에 파견하지만, 실패로 끝나자 마지막으로 다케미카즈치 신이 파견되었다. 이 신의 아버지로 등장하는 아메노오하바리 신은 검의 신이다. 다케미카즈치 신 또한 "도쓰카검을 빼 파도 위에 거꾸로 꽂아 세우고, 그 검의 뾰족한 끝에 가부좌를 틀고"라고 기술하고 있는 점으로 미루이 검의 신이라는 것을 알 수 있다. 검의 위력, 다시 말해서 무력을 배경으로 오오쿠니누시에게 국토 이양을 요구하고 있다. 다케미카즈치 신은 가시마(鹿島) 신궁의 제신이며 나카토미(中臣) 씨의 씨족신으로서 존숭받았다. 따라서 다케미카즈치가 활약하는 것을 통해 이야기의 성립 배경에 야마토 조정의 나카토미 씨 세력이 관여하고 있는 것을 짐작할 수 있다.

한편 고토시로누시는 본래 이즈모의 신이 아니라 탁선(託宣)[63]의 신으로 야마토와 야마토의 궁정 내에서도 제사 지내는 신이었다. 오오쿠니누시가 답하지 않고 고토시로누시가 천상신의 사자에게 답하는 것은, 고대 군주의 주술적이고 종교적인 지배력을 대표하는 신이 고토시로누시 신이었기 때문이라는 견해가 확인된다.

---

63) 신이 사람에게 임하거나 꿈에 나타나서 그 뜻을 알리는 일, 또는 그 계시.

다케미나카타

다케미카즈치 신이 오오쿠니누시 신을 향하여

"지금 당신의 아들 고토시로누시가 이렇게 말했다. 그 외에 또 의견을 물을 자식이 있는가?"

하고 물으셨다. 그러자 오오쿠니누시 신은

"나에게는 다케미나카타(建御名方神)라는 아들이 한 명 더 있습니다. 그 외에는 없습니다."

하고 말씀드리는 사이에 그 다케미나카타 신이 엄청나게 큰 바위를 가뿐히 손끝에 올리고 와서

"누구냐, 내 나라에 와서 소곤소곤 그런 이야기를 하는 것이. 그렇다면 힘겨루기를 해보자. 그럼 내가 먼저 그 팔을 잡겠다."

하고 말했다. 그래서 다케미카즈치 신은 자신의 팔을 상대에게 잡게 하면서 즉시 팔을 고드름으로 바꾸고, 또다시 팔을 검의 날로 바꿨다. 이것을 본 다케미나카타 신은 두려움을 느껴 뒤로 물러섰다.

이번에는 반대로 다케미카즈치 신이 다케미나카타 신의 팔을 잡겠다고 알리고 나서 잡더니, 마치 방금 싹이 튼 어린 갈대를 뽑는 것처럼 가볍게 잡아채서 던져 버리시자 다케미나카타 신은 두려워 줄행랑을 쳤다. 다케미카즈치가 그 뒤를 쫓아 시나노국(信濃国) 스와 호(諏訪湖)의 막다른 곳까지 추격해 와 죽이려고 할 때 다케미나카타 신이

"황공하옵니다. 부디 저를 살려주세요. 이 스와를 벗어나 어디에도 가지 않겠습니다. 또한, 저의 아버지 오오쿠니누시 신의 명령을

거역하지 않겠습니다. 그리고 형 야에코토시로누시 신의 말에 따르겠습니다. 이 아시하라노나카쓰쿠니는 천상신의 말씀에 따라 헌상하겠습니다."

하고 아뢰었다.

<해제>

다케미카즈치, 다케미나카타 두 신의 힘겨루기 이야기에는 "엄청나게 큰 바위를 가뿐히 손끝에 올리고 와서", "누구냐, 내 나라에 와서 소곤소곤 그런 이야기를 하는 것이", "방금 싹이 튼 어린 갈대를 뽑는 것처럼 가볍게 잡아채서" 등 매우 생생하고 극적인 표현이 사용되고 있어 흥미롭다. 그러나 다케미나카타 관련 이야기는 『일본서기』에는 보이지 않고 『고사기』의 오오쿠니누시의 계보에도 다케미나카타라는 이름은 확인되지 않는다. 이를 통해서 다케미나카타 이야기는 이후에 추가된 것으로 해석된다.

두 신의 힘겨루기 이야기는 스와 대사(諏訪大社)에 전해져 내려오는 제사 스모(풍작을 기원하기 위한 제사 의례)가 모태가 되었을 것이라는 견해가 있다. 이 제사 스모의 기원으로 전해지고 있는 스와의 전승이 중앙의 신화로 받아들여질 때 다케미나카타는 열패자가 되고 나카토미 씨의 씨족신인 다케미카즈치가 승리자가 된 것으로 추정되고 있다.

오오쿠니누시의 국토 이양

다케미카즈치 신은 다시 이즈모로 돌아와 오오쿠니누시 신을 향해
"당신의 아들인 고토시로누시 신과 다케미나카타 신은 천상신의
분부에 따르고 거역하지 않겠다고 말했다. 그런데 당신의 생각은
어떤가?"
하고 물으셨다. 그러자 오오쿠니누시 신은
"나의 아들인 두 신이 말씀드린 대로, 나도 거역하지 않겠습니다.
이 아시하라노나카쓰쿠니는 천상신의 말씀에 따라 남김없이 헌상하겠
습니다. 다만, 내가 사는 곳은 천상신의 자식이 황위를 승계하시는 훌
륭하고 장대한 궁전처럼, 지하 반석에 굵은 궁주(宮柱)를 세우고 넓은
하늘에 '치기(千木)'64)를 높디높게 세운 신전을 만들어 주신다면 나
는 많고 많은 길의 모퉁이를 지나서 가는 멀고 먼 곳에 물러나 있지
요. 그리고 나의 많은 자녀 신은 야에코토시로누시 신이 앞뒤에서 통
솔하고 시중을 든다면 이에 따르지 않는 신은 없을 것입니다."
하고 말씀드렸다.

오오쿠니누시 신이 이같이 아뢰고 난 후, 이즈모국 다기시의 오바
마에 신성한 신전을 짓고, 강어귀 신의 손자인 구시야타마 신(櫛八
玉神)이 요리사가 되어 제사 음식을 드릴 때, 축사를 외웠다. 구시
야타마 신이 가마우지가 되어 바다 밑으로 잠수하여 해저의 점토를
물고 나와 갖가지 납작한 토기를 만들고, 해초의 줄기를 깎아 불을
일으키는 절구를 만들고, 바닷말 줄기로 불을 일으키는 절굿공이를
만들어 신성한 불을 일으키며

---

64) 고대 건축물이나 신사 건축에서 지붕 양 끝 위에 X자 형태로 교차시켜 돌출시킨 긴 목재.

내가 일으킨 신성한 불은, 천상을 향해서는 가미무스히(神産巣日) 조상신(祖神)이 계시는 훌륭한 신전(新殿)에 그을음이 길게 매달릴 정도로 왕성하게 지피고, 지하를 향해서는 땅속의 암반에 도달할 정도로 불을 지펴 굳히겠습니다. 헤아릴 수 없는 길이의 닥나무 껍질로 만든 밧줄을 바닷속에 늘어뜨려 어부가 낚는 입이 크고 꼬리지느러미가 근사한 펄떡거리는 농어를 떠들썩하게 끌어 올려, 그 물고기를 신성한 불로 굽고, 쪼갠 대나무로 만든 받침대가 휠 정도로 듬뿍 쌓은 신성한 물고기 요리를 올리겠습니다.

하고 축사를 외웠다. 이렇게 다케미카즈치 신은 천상으로 돌아가서 아시하라노나카쓰쿠니를 평정하고 복속시킨 정황을 보고하셨다.

<해제>

천상신에게 국토 이양을 결정한 오오쿠니누시가 장대한 신전을 요구하고 이곳에 은거할 것을 논하는 부분은 이즈모 대사(出雲大社) 진좌의 기원이라고 볼 수 있다.

가마우지로 화한 구시야타마 신이 바다에 자맥질하여 점토를 캐고 해초를 베는 것은, 이즈모국의 연해에서 활동하던 해인족의 생활을 반영한 것이며, 주낙을 사용한 기술로 농어를 낚는 모습을 논한 부분과 함께 고대 어민의 왕성한 어로 활동을 나타내는 전승으로 주목된다.

불을 일으킬 때 절구와 공이를 사용하는 발화법은 이세 신궁(伊勢神宮)을 비롯하여 모든 신사에 전해져 내려오고 있는데, 그중에서도 이즈모노쿠니노 미야쓰코(国造) 가문에서는 신불 상속의 의례로서 중용되고 있다. 새로이 구니노 미야쓰코(国造)65)를 상속할 때에는 구마노 신사(熊野神社)에 참배하여 절구와 공이를 사용하여 불을 일으키고, 이 불을 가지고 돌아와 소중하게 보존하는데 음식을 조리할 때도 사용한다. '불 일으키기' 사장(詞章)에는 이 같은 이즈모 대사의 불 일으키기 의식이 반영되어 있다.

---

65) 야마토 시대에 세습되던 지방관 지위의 씨족.

06
니니기

니니기의 탄생

그 후, 아마테라스와 다카기 신은 태자인 마사카쓰아카쓰카치하야히 아메노오시호미미(正勝吾勝勝速日天忍穂耳命)에게

"지금, 아시하라노나카쓰쿠니를 평정했다고 전해 왔소. 그러니 이미 위임한 대로 그 나라로 강림하여 통치하세요."

하고 분부하셨다.

그러자 태자인 아메노오시호미미가

"제가 내려가려고 채비를 하는 동안에 아이가 태어났습니다. 이름은 아메니키시쿠니니키시아마쓰히코 히코호노니니기(天邇岐志国邇岐志天津日高日子番能邇邇芸命)라고 합니다. 이 아이를 내려보내는 것이 좋을 듯합니다."

하고 아뢰었다. 이 왕자는 아메노오시호미미가 다카기(다카미무스히) 신의 딸 요로즈하타토요아키쓰시히메(万幡豊秋津師比売命)와 결혼하셔서 낳은 아이로, 아메노호아카리(天火明命)에 이어서 태어났다. 이런 이유로 오시호미미가 주상하신 대로 히코호노니니기에게

"이 아시하라노미즈호노쿠니는 그대가 통치해야 할 나라입니다.
그러니 명령에 따라 강림하세요."
하고 분부를 내리셨다.

<해제>

아마테라스 신에게 지상(아시하라노나카쓰쿠니) 강림을 명령받은 신의 이름은 아메노오시호미미와 히코호노니니기로, 둘다 곡물의 풍요를 의미하고 있으며, 이는 고대의 천황이 강림하는 곡신(穀神)으로 여겨지고 있던 사실을 가리키고 있다. 태어난 지 얼마 안 된 니니기가 지상으로 강림하는 것은, 천황의 즉위식을 천상신의 후손으로서의 새로운 강탄이라고 여긴 고대 신앙이 반영된 결과이다. 오시호미미가 '태자'라고 불리고 있는 것에 대해서 의미를 부여하지 않는 연구자가 있으나, 니니기가 오시호미미의 둘째 아들이라는 점에서 천상의 승계 구도를 엿볼 수 있다. 하지만 여기서는 니니기의 강림에 초점이 맞춰져 있으며, 이 신화의 배경에는 천황의 즉위 의례가 내재하고 있는 것을 알 수 있다.

오시호미미가 강림을 준비할 때 태어난 니니기가 아시하라노나카쓰쿠니의 통치자로 강림한다는 구조에 관해서 우에야마 슌페이(上山春平) 씨는, 아마테라스에게는 지토(持統) 준태상 천황의 투영이 엿보인다고 논한다. 지토는 덴무 천황의 부인으로 황자인 구사카베(草壁) 황자의 즉위를 바라고 있었으나, 구사카베가 요절하여 그 자식인 가루(輕) 황자가 즉위하여 몬무(文武) 천황이 되고 지토는 양위하여 그 후견인 역할을 한 것이라고 주장한다. 사실(史實)과 신화의 관계를 지적한 이 설은 부정하기 어려운 것으로, 이 설에 따르면 이 신화의 성립은 몬무 천황(재위 607~707) 이후가 된다.

사루타비코

이렇게 히코호노니니기가 지상으로 강림하려고 할 때 천상에서 내려가는 길목에 서서 위로는 다카마노하라를 비추고 아래로는 아시하라노나카쓰쿠니를 비추고 있는 신이 있었다. 그런 이유로 아마테라스와 다카기 신이 아메노우즈메에게

"그대는 약한 여자이지만 마주한 신에게 위축되지 않고 압도할 수 있는 신이다. 그러니 그대 혼자 가서 그 신을 향해 '천신의 자손이 강림하는 길에 그처럼 나와 있는 것은 누구인가?'하고 물어보라."

분부를 내리셨다. 그래서 아메노우즈메 신이 가서 따져 묻자 그 신이 대답하여 이르기를

"나는 지상신으로, 이름은 사루타비코(猿田毘古神)라고 합니다. 제가 여기에 나와 있는 이유는 천상신의 자손이 강림한다는 말을 듣고 선도해 드리려 하여, 맞으러 나온 것입니다."

하고 아뢰었다.

<해제>

사루타비코 신은 본문에 기술된 것처럼 지상신으로, 어업에 종사하는 이세(伊勢) 지방의 씨족이 신앙하던 태양신이었을 것으로 추정된다. 사루타비코에 대해 "위로는 다카마노하라를 비추고 아래로는 아시하라노나카쓰쿠니를 비추고 있는 신"이라고 묘사하고 있는 것도 태양신 같은 이 신의 성격을 나타내는 말로 주목할 만하다.

니니기의 강림과 관련하여 사루타비코가 선도 역할을 하기 위해 맞으러 나와 있었다는 이야기는 아마테라스가 이세 신궁의 제신(祭神)인 사실과 무관치 않다. 또한, 어로에 종사하던 이세의 모든 씨족이 야마토 조정에 복속하고 해산물을 조정에서 사용하는 식자재로 바친 것과도 관련이 있는 것으로 추정된다. 여기에 사루타비코는 여행의 수호신 신앙과도 연관되어 있다.

천손 강림

이리하여 아메노코야네(天児屋命), 후토다마(布刀玉命), 아메노우즈메(天宇受売命), 이시코리도메(伊斯許理度売命), 다마노오야(玉祖命), 이렇게 다섯 부족의 수장에게 각각의 직무를 분담시키고 부하를 더하여 니니기는 강림하셨다. 그때 아마테라스를 동굴에서 밖으로 불러내 드리는데 공헌한 ㄱ 야사카의 곡옥(八尺の勾玉)과 거울, 그리고 구사나기 검, 거기에다가 불로불사의 오모이카네 신(思金神), 다지카라오 신(手力男神), 아메노이와토와케 신(天石戸別神)도 더하시고, 아마테라스 신은

"이 거울은 변함없는 나의 영혼이므로 나에게 절을 하듯 섬기며 제사 드리세요. 오모이카네 신은 이 제사를 맡아 행하세요."

하고 분부하셨다.

이 두 신(아마테라스와 오모이카네)은 이스즈 궁(五十鈴宮)에 극진히 모셔지고 있다. 다음으로 도유우케 신(登由宇気神, 豊宇気毘売神)은 와타라이 외궁(度会の外宮)에 진좌해 계신 신이다. 다음으로 아메노이와토와케 신은 구시이와마토 신(櫛石窓神)이라고도 불리는데, 다르게는 도요이와마토 신(豊石窓神)이라고도 한다. 이 신은 궁문을 수호하는 신이다. 이어서 다지카라오 신은 이세(伊勢)의 사나현(佐那県)에 진좌해 계신다. 그리고 그 아메노코야네는 나카토미노무라지(中臣連) 등의 조상신(祖神)이며, 후토다마는 인베노 오비토(忌部首)66) 등의 조상신이며, 아메노우즈메는 사루메노 기미(猿女

---

66) '오비토(首)'는 고대 씨족이 칭호로, 지방의 '아가타누시(県主)', '이나기(稲置)', '도모노미야쓰코(伴造)'에 많다.

君) 등의 조상신이며, 이시코리도메는 가가미쓰쿠리노 무라지(作鏡連) 등의 조상신이며, 다마노오야는 다마노오야노 무라지(玉祖連) 등의 조상신이다.

한편 아마테라스와 다카기 신의 명에 따라, 아마쓰히코호노니니기는 다카마노하라의 신좌를 떠나 천공에 여러 겹으로 나부끼는 구름을 밀어제치고, 위풍당당하게 길을 헤치고 또 헤쳐, 강림 도중 하늘에 떠 있는 다리와 하늘에 떠 있는 섬에 위풍당당하게 서 계시다가 그곳에서 쓰쿠시(筑紫)의 히무카(日向) 다카치호(高千穗)의 영봉에 강림하셨다. 그때 아메노오시히(天忍日命), 아마쓰쿠메(天津久米命) 둘은 튼튼한 전통을 메고 구부쓰치 대도(頭椎の大刀)[67]를 허리에 차고, 황로 나무로 만든 활(櫨弓)을 손에 들고 마카고 화살(真鹿児矢)을 겨드랑이에 끼고, 천손의 앞에 서서 선도해 드렸다. 아메노오시히는 오오토모노 무라지(大伴連) 등의 조상, 아마쓰구메는 구메노 아타이(久米直) 등의 조상이다.

여기서 니니기가

"이 땅은 가라 국(韓国)과 마주하고 있고, 가사사 곶(笠沙の御碕)에 곧바로 통해 있어 아침 해가 바로 비치는 나라이며, 석양이 밝게 비치는 나라다. 그러니 이곳은 그야말로 좋은 토지다."
말씀하시고는 땅 아래의 반석에 굵은 기둥을 세우고 천공에 치기(千木)[68]가 높이 치솟은 장대한 궁전에 거하셨다.

---

67) 손잡이 부분의 끝이 망치 모양으로 된 대도.

68) 고대 건축물이나 신사 건축에서 지붕 양 끝 위에 X자 형태로 교차시켜 돌출시킨 긴 목재.

<해제>

천손 강림 신화는 '천상의 바위굴 문' 신화와 함께 기기(記紀) 신화의 정점에 위치하는 중요한 이야기다. 이 신화의 골자가 되고 있는 것은 아시하라노나카쓰쿠니(葦原の中国)를 통치하기 위해 니니기가 천상(高天原)에서 다카치호(高千穂)의 봉우리에 강림했다고 기술한 부분이다. 니니기는 곡령으로 여겨지고 있으며, 다카치호는 본래 추수제를 지내는 장소에 쌓아 올린 벼 이삭을 가리키며 그 위에 곡령이 강림한다고 하는 신앙을 의미한다.

한편 곡령의 성격을 지닌 시조(始祖) 왕이 천상에서 지상의 성스러운 산 위에 강림한다고 하는 형태의 전승은 일본뿐 아니라 고조선의 단군 신화나 신라의 시조 왕 혁거세 신화나 가야의 시조 수로왕 신화에도 확인되며, 이들과 동일 모티브인 것은 이미 잘 알려져 있다.

신이 천상에서 산 정상이나 나무 위에 강림한다고 하는 수직적인 표현 형태는 한국이나 만주 등의 신화에 널리 분포한다. 니니기의 천손 강림에 다섯 명의 신이 수반되는 것도 한반도 및 만주 방면 민족의 사회 조직과 관련이 있다. 『고사기』의 천손 강림 신화가 한국과 만주 방면의 북방 대륙계 문화의 영향을 받아 발달한 것이라는 사실은 부정하기 어렵다.

사루타비코와 아메노우즈메

니니기가 아메노우즈메에게

"선도 역할로 봉사한 사루타비코 신(猿田毘古神)을 대하여 당당히 마주 서서 그 정체를 밝혔으니 그대가 배웅해 드리세요. 그리고 그 신의 이름은 그대가 짊어지고 천신의 아들에게 시중드세요."

하고 명하셨다. 이 분부로 인해 아메노우즈메처럼 제사 의식에서 춤 등으로 봉사하던 여자들은 그 남신 사루타비코의 이름을 짊어지 게 되어 사루메노 기미(猨女君)라고 부르게 되었다. 그런데 이 사루 타비코 신이 아자카(阿耶訶)69)에 계실 때 고기잡이를 하다가 히라 브 조개에 손을 물려 바다에 빠져 밑으로 가라앉으셨다. 그래서 그 때의 이름은 소코도쿠미타마(底どく御魂, 물밑에 가라앉은 영혼)라 하고, 그 해수가 포말이 되어 떠오를 때의 이름은 쓰부타쓰미타마 (つぶたつ御魂, 포말 이는 영혼)라 하고, 그 거품이 터질 때의 이름 은 아와사쿠미타마(あわさく御魂, 거품 꺼지는 영혼)라 불렀다.

한편 아메노우즈메가 사루타비코 신을 배웅하고 돌아와 곧바로 크고 작은 온갖 어류를 불러 모아놓고

"너희들은 천신의 아드님 진지 재료로 봉사하겠느냐?"

물을 때 많은 물고기가

"시중들겠습니다."

대답을 하는데, 해삼만 대답을 하지 않았다. 그래서 아메노우즈메 는 해삼을 향해

"이 입은 대답을 못 하는 입인가?"

---

69) 미에(三重) 현 마쓰자카(松阪) 시의 오오아자카(大阿坂), 고아자카(小阿坂)라는 지명이 확인된다.

하고 말하며 칼집에 끈을 꿴 작은 칼(紐小刀)로그 입을 찢었다. 그런 이유로 치세 대대로 시마국(志摩の国)에서 처음 수확한 어패류를 진상할 때 사루메노 기미들에게 나눠주시는 것이다.

<해제>

아메노우즈메는 사루메노 기미의 조상신으로 알려져 있다. 우즈메는 사루타비코 신을 향해 서서 그 정체를 밝혔기 때문에 사루타비코의 이름을 짊어져 사루메노 기미라고 불리게 되었다고 서술하고 있으므로, 우즈메는 사루타비코에게 신처(神妻)로서 봉사하는 무녀이며 사령자(司靈者)였을 것으로 사료된다.

우즈메가 어류를 소집하여 천손의 진지 재료로 봉사하겠냐고 물었다고 하는 것은, 이 여신이 이세의 어부들이 신앙하는 신이며, 또한 예로부터 이세의 시마 지방 어부 집단이 야마토 조정에 복속하고 있던 것을 나타내고 있다. 궁정에서 주술적 진혼 의식을 행하던 사루메노 기미도 본래는 이세 시마(志摩) 지방의 아즈미(安曇) 계의 어부 집단에서 나온 무녀로 파악된다.

사루타비코가 바다에 빠졌다는 이야기는 사루(猿, 원숭이)에 관한 동물 설화로서 흥미로운 색채를 띠고 있다. 원숭이가 게나 조개를 잡아먹을 때 손가락을 물려 혼이 나는 이야기는 외국의 설화에도 보인다. 『고사기』의 사루타비코 이야기도 민간 전승에 의한 것으로 이해된다. 또한 사루타비코가 물에 빠졌을 때 세 개의 영혼이 생겨났다고 하는 것은 이자나기 신이 목욕재계할 때 와타쓰미 신과 쓰쓰노오가 생겨났다고 하는 신화와 유사한 형태의 신화이다. 이 같은 전승은 어부의 종교 생활에서 확인되는 주술적 목욕재계와 관련성이 있는 것으로 추정된다.

고노하나노사쿠야비메

한편 히코호노니니기는 가사사 곶(笠沙の御崎)에서 아름다운 소녀를 만나셨다. 그리고 이렇게 물으셨다.

"누구의 딸인가?"

그러자 소녀는

"저는 오오야마쓰미 신(大山津見神)의 딸로 이름은 가무아타쓰히메(神阿多都比売), 또 다른 이름은 고노하나노사쿠야비메(木花之佐久夜毘売)라고 합니다."

하고 아뢰었다. 그러자 다시

"그대는 형제가 있는가?"

하고 물으셨다. 그러자

"저에게는 언니 이와나가히메(石長比売)가 있습니다."

하고 대답했다.

그러자 니니기가

"나는 그대와 결혼하고 싶은데 어떤가?"

하고 물으셨다. 그러자

"저는 답변을 드리기 어렵습니다. 저의 아버지인 오오야마쓰미 신이 답변 드리겠지요."

하고 아뢰었다. 그런 까닭에 그 아버지 오오야마쓰미 신이 있는 곳으로 혼인을 청하기 위해 사자를 보내셨다. 오오야마쓰미 신은 매우 기뻐하며 사쿠야비메에게 언니 이와나가히메를 붙여, 많은 혼례품을 지참하게 하여 보내 드렸다. 그런데 그 언니는 용모가 심히 추했기 때문에 니니기노 미코토가 보고 꺼려 부모가 있는 곳으로 다시 돌려보내고, 동생인 고노하나노사쿠야비메만을 남겨두고 하룻 밤 관계를 맺으셨다.

그렇게 이와나가히메를 돌려보내신 것을 오오야마쓰미 신은 대단히 수치스럽게 여겨

"저의 두 여식을 함께 바친 이유는, 이와나가히메를 시중들게 하시면 천손의 목숨은 눈이 오나 바람이 부나 항상 바위처럼 영원히 변함없고 흔들림 없을 것이요, 또한 고노하나노사쿠야비메를 시중 들게 하시면 나무의 꽃이 화려하게 피듯 번영하실 것이라 소망하여 바친 것입니다. 그런데 이와나가히메를 돌려보내고 고노하나노사쿠야비메 하나만을 머물게 하셨기 때문에 천손의 목숨은 나무의 꽃처 럼 허무하시겠지요."

하고 아뢰었다. 이런 연고로 지금에 이르기까지 천황들의 수명은 장구하지 않은 것이다.

그런 일이 있은 후, 고노하나노사쿠야비메가 니니기노 미코토가 있는 곳으로 와서

"나는 잉태를 하여 곧 출산할 시기가 되었습니다. 천신의 자식을 남몰래 낳아서는 안 되기 때문에 말씀드리는 것입니다."

하고 아뢰었다. 그러자 니니기노 미코토가

"사쿠야비메는 단 하룻밤의 관계로 임신했다는 것인가? 이것은 나의 자식이 아닐 것이다. 필시 지상신의 아이임이 틀림없다."

고 말씀하셨다. 이를 듣고 사쿠야비메가

"만일 제가 잉태하고 있는 아이가 지상신의 자식이라면 출산 시 에 무사히 태어나지 못하겠지요. 그러나 천상신의 자식이라면 무사 히 태어나겠지요."

아뢰고는, 곧바로 입구가 없는 큰 산실을 짓고 그 산실 안에 들어
가 흙으로 완전히 발라 봉하고, 출산 때가 되자 그 산실에 불을 붙
여 아이를 낳았다. 그 불이 왕성하게 타오를 때 낳은 아이의 이름
은 호데리노 미코토(火照命)로 이는 하야토(隼人) 아타노 기미(阿多
君)의 조상신이다. 이어서 낳은 아이의 이름은 호스세리노 미코토
(火須勢理命)이다. 다음으로 낳은 아이의 이름은 호오리노 미코토
(火遠理命)로 또 다른 이름은 아마쓰히코히코호호데미노 미코토(天
津日高日子穗穗手見命)이다.

<해제>

니니기가 가무아타쓰히메를 만난 장소는 아타(阿多)의 하야토(隼人)라 불리는 종족의 본거지인 가사사 곶(笠沙の御埼)이라고 기술하고 있다. 니니기의 아내가 된 가무아타쓰히메는 아타의 하야토의 여신이며, 이 여성은 히코호호데미와 하야토의 조상신 호데리 형제를 낳았다고 기록하고 있다. 천손 강림 이후, 신화의 무대가 규슈 남부로 옮겨 와 이처럼 조정과 하야토의 긴밀한 관계가 기술되어 있는 것은 야마토 조정의 하야토 정책이 중시되었기 때문이라고 판단된다.

이어서 니니기가 사쿠야비메가 임신한 아이를 "나의 자식이 아닐 것이다."라고 의심하고, 이에 히메가 천신의 자식임을 증명하기 위해 산실에 불을 붙이고 그 안에서 무사히 출산하는 이야기는 신념을 가진 여성의 정념을 나타낸 이야기로, 종교적으로는 마음의 결백을 증명하기 위한 일종의 서약 의식으로 풀이된다.

가무아타쓰히메 또는 고노하나노사쿠야비메로 불리는 이유는 별개의 이야기가 결합되었기 때문일 것이다. 사쿠야비메와 이와나가히메 이야기는 천황의 수명이 영원하지 않은 연유를 설명하고 있다. 고대에는 이처럼 두 명 또는 세 명의 자매가 황후나 비(妃)로서 같은 천황과 결혼하는 자매 연대혼이 행해졌던 것으로 보인다.

사쿠야비메와 이와나가히메 설화의 원류라고 일컬어지는 셀레베스의 바나나형 설화에서는 다음과 같이 묘사하고 있다. 최초의 인간은 창조신이 하늘에서 내려준 바나나를 먹으며 목숨을 보전하고 살았다. 어느 날 신이 돌을 내리자 인간이 다른 먹을거리를 요구하여 신은 바나나를 내려 "너희들은 바나나를 선택했기 때문에 인간의 생명은 바나나처럼 허무하게 될 것이다. 돌을 선택했다면 인간의 수명은 돌처럼 불변했을 것이다." 라고 말했다.

이 설화는 인도네시아계 종족으로 보이는 하야토 족이 전한 것으로, 사쿠야비메와 이와나가히메 이야기로 바꿔 『고사기』에 도입한 것으로 추정된다.

07
호오리

우미사치비코와 야마사치비코

호데리는 바다에서 낚시를 하는 남자로 바다의 크고 작은 물고기를 잡고, 호오리는 산에서 사냥을 하는 남자로 산의 크고 작은 다양한 짐승을 잡으셨다. 그런데 어느 날 호오리가 그 형 호데리에게

"각자의 엽구(獵具)와 어구(漁具)를 바꿔서 사용해 봅시다."

라고 말하며 세 번이나 부탁했지만, 형은 받아들이지 않았다. 그러나 거듭 조른 결과 간신히 도구를 교환할 수 있었다.

그래서 호오리는 어구를 사용해서 물고기를 잡으려 했으나 결국 한 마리도 낚지 못하고, 더군다나 그 낚싯바늘마저 잃어버리고 말았다. 그런 상황에서 형인 호데리가 자신의 낚싯바늘을 요구하며

"산의 사냥물도 바다의 어획물도 제각기 자신의 도구가 아니면 잡을 수 없다. 이제는 각자의 도구로 되돌리자."

고 말하자 동생인 호오리가

"당신의 낚싯바늘로 물고기를 낚으려고 했지만, 한 마리도 잡지 못하고 심지어 바늘을 바다에 잃어버렸습니다."

하고 물으셨다. 그런데 형은 앞뒤 사정은 살피지도 않고 바늘을 돌려달라고 몰아세웠다. 그래서 동생은 몸에 차고 있던 도쓰카 검[70]을 깨뜨려 오백 개의 낚싯바늘을 만들어 변상하고자 했으나, 형은 받아들이지 않았다. 그래서 이번에는 천 개의 낚싯바늘을 만들어 변상했지만, 받지 않고

"무조건 원래의 바늘을 돌려달라."

고 말했다.

---

70) 도쓰카 검: 일본어로는 '十拳の剣(とつかのつるぎ)'라고 하며 여기서 '拳'는 세끼 손가락에서 집게손가락까지의 폭을 가리키는 말로, 약 80~100㎝ 정도 길이의 검을 말한다.

<해제>

『히타치 풍토기(常陸風土記)』 <다카노 고오리(多珂郡)> 항에는 "야마토타케루(倭建) 천황이 순행 중에 천황과 황후가 각각 들과 바다로 나뉘어, 산과 바다의 획물의 다소를 경쟁할 때 들의 포획물은 하나도 없었지만, 바다의 어획물이 많아 이것을 수라상에 올렸다."라고 기술하고 있다. 이와 동류의 설화이다.

우미사치비코, 야마사치비코의 신화에는 '치(ち, 鉤)'나 '사치(さち)'라는 말이 사용되고 있다. 'ち'는 신비한 영력을 가리키는 말로 고대에는 낚싯바늘(釣針)이나 활과 화살(弓矢)에 머무는 영력에 의해 수확이 결정된다고 믿고 있었던 것을 알 수 있다. 수렵에 총을 사용하는 시대가 되어도 기소(木曽) 지방에서는 사냥에 행운을 가져다준다는 샤치(シャチ) 신을 숭배하거나 탄환을 샤치다마(玉)라고 부른다고 한다.

해신의 궁 방문

이런 까닭에 동생 호오리는 슬퍼 울며 해변으로 나가셨는데, 그 때 시오쓰치 신(塩椎神)이 다가와

"천손께서 울며 슬퍼하시는 이유가 무엇입니까?"

하고 물었다. 그러자 호오리는

"나는 형과 도구를 교환하여 낚시를 하고 있었는데 그만 형의 낚싯바늘을 잃어버렸습니다. 그런데 형이 그 낚싯바늘을 돌려달라고 해서 많은 낚싯바늘을 만들어 변상하려 했지만, 형은 받아들이지 않고 무조건 원래 바늘을 내놓으라고 주장해서 슬퍼 울고 있는 것입니다."

하고 말씀하셨다.

그 말을 들은 시오쓰치 신은

"제가 당신을 위해서 좋은 계획을 세워 드리지요."

라고 말하며, 즉시 대나무를 물 샐 틈 없이 엮어 작은 바구니 배를 만들었다. 그리고 호오리를 그 배에 태우고는

"제가 이 배를 밀어 보내드릴 테니 잠시 그대로 나아가세요. 분명히 좋은 바닷길이 나올 것입니다. 그 길을 따라서 가시다 보면 물고기 비늘같이 용마루를 이어 지은 궁전이 있을 텐데 그것이 해신의 궁전입니다. 그 신의 궁전 문 앞에 다다르시면 한쪽의 샘 옆에 신성한 계수나무가 있을 것입니다. 그 나무 위에 올라가 계시면 해신의 딸이 당신의 모습을 보고 알아서 조처할 것입니다."

하고 말했다.

시오쓰치 신이 가르쳐 준 대로 잠시 나아가자 모든 것이 신의 말

그대로였기 때문에 곧바로 그 계수나무 위에 올라가 기다리셨다. 그러자 해신의 딸 도요타마비메(豊玉毘売)의 시녀가 그릇을 들고 나와 샘의 물을 뜨려고 할 때 샘물에 빛이 비쳤다. 위를 올려다보니 아름답고 훌륭한 남자가 있어 시녀는 매우 이상히 여겼다. 호오리는 그 시녀를 보고 물을 마시고 싶다고 말하며 물을 요구하셨다. 시녀는 즉시 물을 떠서 그릇에 담아 올렸다. 그런데 호오리는 물을 마시지 않으시고 목에 걸고 있던 목걸이에서 구슬을 풀어 입에 물고, 물을 담은 그 그릇에 뱉어 넣으셨다. 그러자 그 구슬은 그릇에 달라붙어 시녀가 떼려고 해도 떼어낼 수 없었다. 그래서 구슬이 붙은 채로 그릇을 도요타마비메에게 올려드렸다.

도요타마비메는 그릇에 붙은 구슬을 보고 시녀에게

"혹시 문밖에 누군가 있습니까?"

하고 물었다. 그러자 시녀는

"어떤 사람이 와 있는데 우리 샘 옆의 계수나무 위에 계십니다. 실로 아름다운 남자입니다. 우리 임금인 해신님 이상으로 매우 훌륭한 분입니다. 그분이 물을 달라고 해서 물을 떠 드렸더니 물은 마시지 않으시고 이 구슬을 그릇에 뱉어 넣으셨습니다. 그런데 아무리 해도 떼어낼 수 없어서 구슬이 붙은 채로 가지고 와서 올려드리는 것입니다."

하고 말씀드렸다.

그 말을 들은 도요타마비메는 이상히 여겨 밖으로 나가 호오리의 모습을 보고는 한눈에 반하여 서로 눈을 맞춘 후 히메는 그 아버지에게

"우리 집 문 앞에 아름답고 훌륭한 분이 계십니다."

하고 말씀드렸다. 그래서 해신은 스스로 문밖으로 나가 보고는
  "이분은 천손의 자손이시다."
하고 말하며 곧장 궁전 안으로 안내해서 강치의 가죽으로 만든 방
석을 여덟 겹으로 깔고, 게다가 그 위에 비단 방석을 여덟 겹으로
깔고 그 위에 앉혀드렸다. 그리고 많은 상 위에 갖가지 음식을 올
려 드시게 하고, 마침내 딸 도요타마비메와 결혼을 시켜 드렸다. 그
렇게 호오리는 3년이 될 때까지 해신의 나라에 머무셨다.

<해제>

우미사치비코, 야마사치비코 이야기는 『고사기』 신화 안에서
도 매우 인상적이며 문학적으로도 시적인 정취가 농후한 부분
이다. 이 이야기의 원형이 남방의 인도네시아나 경도 180도
이서의 남태평양 섬나라 등지에서 전해졌다고 하는 사실은 이
미 잘 알려져 있다. 호오리(야마사치비코)가 형 호데리(우미사
치비코)에게 빌린 낚싯바늘을 잃어버려 이것을 찾기 위해 해
신국으로 가는 이야기는 인도네시아에 전해지는 설화와 유사
성이 엿보인다.

또한, 호오리가 우물가에서 해신의 딸 도요타마비메나 혹은
그 시녀와 만나는 이야기에서는 낭만적인 정경이 연상된다.
니니기와 오오야마쓰미 신의 딸 사쿠야비메의 결혼이 곡신(穀
神)과 산신의 결합을 나타내고 있다면, 도요타마비메는 물의
여신으로 호오리와 도요타마비메의 혼인은 곡신과 해신 즉 물
의 신의 결합을 상징하고 있다. 곡물 중에서도 벼의 생육에는
물의 역할을 빼놓을 수 없으므로, 곡신과 물신의 결합을 통해
벼의 풍요를 기원하는 신앙을 엿볼 수 있다.

이 이야기의 원류로 보이는 설화는 멜라네시아의 뉴브리텐 섬
에 전해지는 여인도(女人島) 설화를 비롯해 인도네시아나 중
국에도 분포하고 있다고 전해진다. 따라서 우미사치비코, 야마
사치비코 신화와 해신의 궁 방문 신화는 인도네시아나 멜라네
시아 방면의 설화에서 발원했을 가능성이 농후하다. 이러한
남방 설화는 하야토(隼人) 족에 의해 규슈 남부에 전해지고
여기에 근거하여 기기(記紀) 신화가 구성되었을 것으로 추측
된다.

기기 신화에서 호오리는 고귀한 천신으로 묘사되고 있으며, 이 신을 맞이한 해신은 강치의 가죽으로 만든 방석 여덟 장과 비단 방석 여덟 장을 깔고 정중히 모시고 잔치를 베풀었다고 기술하고 있다. 이것은 고대의 니이나메 제사(新嘗祭)나 천황 즉위 의식인 다이조 제사(大嘗祭)를 반영한 이야기로서 주목된다.

호데리의 복종

　그러던 어느 날, 호오리는 이곳으로 오게 된 일을 떠올리고는 깊은 한숨을 쉬셨다. 도요타마비메는 그 한숨 소리를 듣고 아버지 신에게

　"호오리님은 3년이나 이곳에 사셨지만, 평소에는 탄식하시는 일이 없었는데 지난밤에는 깊은 한숨을 쉬셨습니다. 필시 무슨 까닭이 있는 것이겠지요?"

하고 말씀드렸다. 그러자 아버지인 바다의 큰 신은 사위에게

　"오늘 아침 제 딸이 이야기하는 것을 듣자니 '오신 지 3년이나 되었지만, 평소에는 그런 일이 없었는데 지난밤에 깊은 한숨을 쉬셨다.'고 하는데 혹시 무슨 이유라도 있는 것입니까? ……. 그런데 당신이 이 나라에 오신 까닭은 무엇입니까?"

하고 말했다. 그러자 호오리는 바다의 큰 신에게 형의 낚싯바늘을 잃어버려 형이 그 바늘을 내놓으라고 몰아세웠던 일을 있던 그대로 자세하게 말씀하셨다.

　이것을 들은 해신은 바다의 크고 작은 어류를 모두 불러 모아

　"혹시 이 낚싯바늘을 취한 물고기는 없는가?"

하고 물었다. 그러자 많은 물고기가

　"최근 붉은 도미가 목에 가시가 걸려 음식을 먹을 수 없다고 고통을 호소하고 있었습니다. 그러니 틀림없이 도미가 삼킨 것이겠지요"

하고 아뢰었다. 그래서 해신이 붉은 도미의 목을 살펴보자 낚싯바늘이 걸려 있었다. 그것을 바로 빼내어 씻어서 깨끗이 하고 호오리에게 드리며 바다의 큰 신은

　"이 바늘을 형님에게 돌려드릴 때 '이 낚싯바늘은 우울해지는 바

늘, 마음이 초조해지는 바늘, 가난해지는 바늘, 어리석어지는 낚싯바늘'이라고 외며 손을 뒤쪽으로 돌려 건네세요. 그리고 그 형님이 높은 토지에 논을 지으면 당신은 낮은 토지에 논을 지으세요. 그리고 형님이 낮은 곳에 논을 지으면 당신은 높은 곳에 논을 지으세요. 그렇게 하시면 내가 물을 지배하고 있으니 3년간 형님은 분명히 흉작으로 빈궁해져 고통스러워할 것입니다. 만일 그런 상황을 원망하여 당신을 향해 싸움을 걸어오면 이 물이 차 오는 구슬을 꺼내어 형님을 바닷물에 빠트리고, 형님이 괴로워 용서를 구하면 물이 빠지는 구슬을 꺼내어 목숨을 구해주세요. 이런 식으로 괴롭히고 고통을 주세요."

라고 말하며 물이 차는 구슬과 물이 빠지는 구슬을 건네주고, 즉시 상어를 전부 불러 모아

"지금 천손의 자손인 호오리님이 위의 나라(아시하라노나카쓰쿠니)로 나가시려 하고 계신다. 누가 빠른 시일 내에 돌려보내 드리고 복명하겠느냐?"

하고 물으셨다.

그러자 상어들이 각자 자신의 신장에 맞춰 일수를 한정하여 말씀드리는데, 그중에서 한 길 상어(一尋鰐魚)[71]가

"제가 하루 만에 보내드리고 금방 돌아오겠습니다."

하고 자청하며 나섰다. 그래서 그 한 길 상어에게

"그렇다면 네가 보내드려라. 바닷속을 지나갈 때, 만에 하나 무섭게 해드리는 일이 있어서는 안 될 것이다."

지시하고, 곧바로 호오리를 그 상어의 목에 태우고 올려보내 드렸

---

71) 한 길(一尋)은 두 팔을 폈을 때의 길이로, 약 1.8m에 이른다.

다. 그리고 약속한 대로 상어는 하루 안에 도착했다. 호오리는 그 상어를 돌려보낼 때, 몸에 차고 있던 칼집에 끈을 꿴 작은 칼(紐小刀)을 풀어 상어의 목에 걸어 돌려보냈다. 그래서 그 한 길 상어를 지금에 이르러서도 사히모치 신(佐比持神)[72]이라고 부르는 것이다.

본국으로 돌아온 호오리는 해신이 가르쳐 준 대로 그 바늘을 형님에게 돌려줬다. 그랬더니 그 이후 호데리는 점점 가난해지고 게다가 난폭해져서 호오리를 공격해 왔다. 호데리가 공격해 올 때 물이 차는 구슬을 꺼내어 물에 빠지게 하여 괴로워 구조를 요청할 때 물이 빠지는 구슬을 꺼내 건져주었다. 이렇게 괴롭고 고통스럽게 하자 형 호데리는 머리를 숙이고

"나는 지금 이후로 당신을 주야로 수호하는 사람이 되어 시중을 들겠습니다."

하고 아뢰었다. 그래서 오늘날에 이르기까지 호데리의 자손인 하야토(隼人)는 물에 빠졌을 때의 다양한 몸짓을 끊임없이 연출하며 궁정에서 시중을 들고 있는 것이다.

---

72) '사히'는 칼을 가리키는 말로 상어의 예리한 이빨을 칼에 비유한 것으로 보인다.

<해제>

호오리가 잃어버린 낚싯바늘을 기억해 내고 깊은 한숨을 몰아쉬는 것을 아내인 도요타마비메가 듣고 염려하여 아버지 신에게 이야기한다.

결국, 해신의 배려로 호오리는 도미의 목에 걸려 있던 바늘을 찾았을 뿐 아니라 바늘을 형에게 돌려줄 때 외울 저주의 말을 배웠다. 거기에다가 해신은 형에게 고통을 주어 괴롭게 할 방법을 가르쳐 주고, 호오리에게 물이 차오르는 구슬과 물이 빠지는 구슬을 건넸다. 그리고 호오리의 논은 해신이 지배하는 물의 은총을 받아 풍작이 약속된다. 여기에 호오리의 곡신으로서의 일면이 나타나 있다. 또한, 귀환할 때는 해신의 배려로 '한 길 상어(一尋鰐魚)'의 목에 타고 무사히 돌아온다. 이처럼 호오리는 시종 해신의 호의와 도움을 받아 형 호데리를 복종시킬 수 있었다.

해신에 관해서는 '이자나기의 목욕재계와 삼귀자'의 단에 "와타쓰미 신(綿津見神)은 아즈미 무라지(阿曇連) 등의 조상신으로 숭상하여 제사 지내고 있는 신이다."라고 쓰여 있는 것처럼, 북규슈 연안을 본거지로 하는 해인(海人)계의 호족 아즈미(阿曇) 씨가 신앙한 해신이다. 그런 이유로 이 이야기는 아즈미 씨가 해인 집단을 이끌고 야마토 조정의 정책에 협력한 것을 반영한 전승이라고 해석할 수 있다. 마지막 한 절은 이른바 하야토 춤의 기원으로서 서술된 것인데, 하야토의 일부가 야마토 조정에 복속되어 궁문 경비 임무를 맡게 된 것은 7세기 말이나 8세기 초 무렵일 것으로 추정되고 있다. 따라서 하야토 복속의 유래를 기록한 기기의 전승이 성립한 시기도 그 무렵일 것으로 파악된다.

우가야후키아에즈의 탄생

이런 일이 있고 나서 해신의 딸 도요타마비메가 스스로 호오리가 있는 지상의 나라로 나와

"저는 이전부터 아이를 잉태하고 있었는데 이제 출산할 시기가 되었습니다. 출산할 생각을 하니 천신의 자손을 바다에서 낳아서는 안 될 것 같아 뭍으로 나왔습니다."

하고 말씀드렸다. 그런 연유로 즉시 해안가에 가마우지의 깃털을 짚 대신으로 하여 산실을 지었다. 그런데 그 산실의 지붕을 아직 다 얹지도 못한 사이에 도요타마비메는 배의 진통이 심해져 참을 수 없게 되어 산실로 들어가셨다. 그리고 출산이 시작되려고 할 때 그 남편 신에게

"모든 이향인은 출산할 때가 되면 본국의 모습으로 돌아가 아이를 낳습니다. 그래서 저도 지금 본래의 몸으로 변해 출산합니다. 부탁이니 아이를 낳을 때 저의 모습을 보지 말아주세요."

하고 아뢰었다.

그러자 호오리는 그 말을 이상하게 여겨 출산이 시작될 때 몰래 안을 엿보셨는데, 히메는 여덟 길(八尋)이나 되는 큰 상어로 변하여 기어 다니며 몸을 비틀고 있었다. 이 광경을 목격한 호오리는 몹시 놀라 두려워 달아나 몸을 감추셨다. 도요타마비메는 남편이 엿보신 것을 알고 수치스럽게 여겨 아이를 낳아 남겨둔 채

"저는 언제까지나 바닷길을 통해 이곳을 오가려고 생각하고 있었습니다. 하지만 제 모습을 엿보신 것은 참으로 유감스러운 일입니다."

말씀드리고, 곧바로 바다 끝 경계를 막고 해신의 나라로 돌아가셨다.

이런 이유로 그때 태어난 자식의 이름을 아마쓰히코히코 나기사타케 우가야후키아에즈(天津日高日子波限建鵜葺草葺不合命)73)라고 부르는 것이다.

그러나 그 후, 호오리가 엿보신 것을 원망하시면서도 낭군을 사모하는 마음을 억누를 수 없어서 태어난 아이를 양육해 드린다는 이유로 여동생인 다마요리비메(玉依毘売命)를 보내며 노래를 맡겨 헌상했다.

> 빨간 구슬은 끈까지 빛나지만 진주와 같은
> 내 낭군의 모습은 고귀할 뿐입니다

하고 노래 불렀다. 그에 호오리가 답가로

> 청둥오리가 내려앉는 섬에서 인연을 맺은
> 나의 아내를 어찌 잊을 수가 있겠소

하고 노래하셨다. 히코호호데미(호오리)는 다카치호 궁에 580년간 거하셨다. 능은 다카치호 산 서쪽에 있다.

그 천손 우가야후키아에즈가 숙모 다마요리비메를 아내로 맞아 낳은 아이의 이름은 이쓰세(五瀬命), 다음은 이나히(稲氷命), 다음은 미케누(御毛沼命), 다음은 와카미케누(若御毛沼命)로 또 다른 이름을 도케누(豊御毛沼命), 또 다른 이름을 가무야마토이와레비코(神倭伊波礼毘古命)라고 부른다. 그런데 미케누는 파도를 밟고 바다 저편의 나라(常世国)로 건너가시고 이나히는 죽은 어머니의 본국인 우나바라(海原)로 들어가셨다.

---

73) '해변에서 가마우지의 털로 지붕을 다 엊지 못했을 때 태어난 남자'라는 의미이다.

"저의 모습을 보지 말아주세요."라고 말하며 산실에 들어가 '본국에서의 모습'으로 변하여 출산하는 장면을 엿본다는 이야기 형태는 금실형 설화(禁室型説話)라고 부른다. '본국에서의 모습'이 상어였다는 사실은 해신의 모습을 상어라고 보는 것이며, 용신이나 뱀신을 물의 신으로 여기는 신앙과 유사한 것으로 풀이된다. 이족(異族)의 여성과 결혼한 남자가 '보지 말라'는 금기를 어기고 여자의 본래 모습을 엿본 까닭에 부부 관계가 단절되었다고 하는 구조는 민화 '물고기 아내(魚女房)', '학 아내(鶴女房)', '대합 아내(蛤女房)', '뱀 아내(蛇女房)' 등과 공통적이다. 도요타마비메 신화를 포함한 이러한 설화는 남방 원시 사회의 토테미즘이나 이족 결혼 제도에서 유래하는 이야기로 파악된다.

또한, 우가야후키아에즈의 네 자식에게 '이쓰세', '이나히', '미케누', '와카미케누'처럼 벼나 곡물 신의 이름을 부여하고 있는 것은 다카치호(高千穂) 궁에 진좌했다고 하는 히코호호데미의 전승과, '천손 강림' 단의 <해제>에서 언급한 것처럼, 다카치호라는 것이 원래 추수제를 지내는 장소에 쌓아 올린 벼 이삭을 의미하는 것으로, 그 위에 곡령이 강림한다고 하는 곡령 신앙과 벼 관련 궁정 제사 의식을 반영한 전승으로 주목된다.

도요타마비메 신화의 결말은 "빨간 구슬은……"과 "청동오리가……" 2수의 증답가를 삽입하여 서정적으로 서술하고 있다. 앞의 노래에는 '빨간 구슬(赤玉)', '진주(白玉)'가 들어가 있고 도요타마비메(豊玉毘売)의 이름과 함께 해신의 신령이 머무는 물체로서 '다마(玉)' 신앙이 연관되어 있다는 사실은 흥미로운

부분이다. 뒤의 노래는 원래 해변에서 행해지던 젊은 남녀의
집단적인 노래가 해신국을 배경으로 하는 이야기와 결합한 것
이라는 견해가 있다.

—

해설과 연구

신화의 성립과 구성 및 내용

1. 신화 체계의 형성과 구상

고대의 소위 야마토 민족을 구성한 크고 작은 씨족과 호족들은 각각 그 근본을 기록한 신화와 그 씨족의 조상신 또는 신앙하는 씨족신에 관한 이야기를 전승하고 있었을 것이다. 이같이 많은 씨족 중에 천황 씨족에 의해 국가 통일이 진행되고, 씨족 국가의 실현이 달성되기에 이르러 천황 씨족이 신앙하는 신들이나 신화를 주축으로 해서 많은 씨족이 전승한 신화군은 서서히 황실 신화를 중심으로 결합하거나 흡수되어 일본 신화의 조직화와 체계화가 행해졌다.

고대에 있어서 신화 전승은 현실 사회의 생활을 규제하는 지도 원리로서 힘을 가진다고 생각했기 때문에 신화 전승은 정치나 사회와 긴밀하게 연결되어 있었다. 따라서 신화군의 조직화와 체계화는 야마토 조정에 있어서 국가 통일의 이상을 달성하기 위해서도 긴요했을 것으로 파악된다. 그러한 정치적 목적을 달성하고 또한 합리화하기 위해서도 황실 신화는 수차례에 걸쳐 확충되고 이족의 신화나 민간 신화 등을 통합하고 흡수함으로써 성장하고 발전할 수 있었을 것이다.

이 같은 신화 전승의 결집과 통합을 이행할 때 사용하는 방법은 씨족이나 호족의 조상신을 천황 씨족의 계보에 혈연적 관계로 통합하고 황실 신화와 다른 씨족의 신화를 통합하는 것이다. 예를 들어 아마테라스(천손계)와 스사노오(이즈모계)를 모두 이자나기 신의 자식으로 등장시킴으로써 다카마노하라(高天の原) 신화와 이즈모(出雲) 신화를 결합하고 있는 것이 그 좋은 본보기다. 그리고 아마테라스의 증손에 해당하는 히코호호데미가 해신의 딸 도요타마비메를 아내로 삼았다는 내용 등은 천손계 신화와 하야토 족 등이 전승하고 있던 남방계 신화군을 결합한 사례로 추정된다.

『고사기』서문에 "제가(諸家)가 전수하여 가지고 있는 제기(帝紀)와 구사(旧辞)는 이미 진실과 다르고 거짓이 많이 포함되어 있다."라고 하는 내용을 통해서, 씨족들이 경쟁하듯 자신들의 뿌리가 되는 전승을 윤색하고 치장하여, 가문이 유리한 입장을 점할 수 있도록 의도적으로 꾸미고 있던 사실을 짐작할 수 있다. 씨족의 근본이나 유래를 황실과의 혈연적 관계와 연결하여 묘사하고 있는 것은 『일본서기』보다 『고사기』쪽이 많다. 『고사기』는 201개 씨족 중 177개 씨족을 황계(皇系)로 하고 있으며, 『일본서기』는 110개 씨족 중 50개 씨족을 황계로 하고 있다.

요컨대, 기기의 신화는 천황 씨족의 전승을 근간으로 하여 이것을 중심으로 다양한 신화와 설화를 통합하고 결합함으로써 하나의 건축적인 구조로 정리한 것이다. 기기 신화를 관통하고 있는 중심 사상은, 천상신의 자손인 천황에 의한 국가 통치의 기원과 유래를 합리적으로 설명하고자 하는 정치적 이념이었다고 할 수 있다. 따라서 기기 신화의 세계는 발전적으로 전개되어 왔으며, 강한 정치적 이념 아래 통일성 있게 서술하고 있는 것이 특징이라고 할 수 있다.

이 같은 일본의 신화 체계를 관통하고 있는 통일된 원리는, 쇼토쿠 태자(聖德太子)에 의한 황실 권력의 확립을 목표로 한 정치, 다이카 개신(大化の改新)에 의한 중앙집권적 국가 체제의 확립, 나아가 덴무(天武) 천황에 의한 율령 체제의 정비와 강화 등에 호응하고 있다. 그로 인해 기기 신화에는 6세기 말부터 8세기 초엽에 걸쳐 있는 시대의 정치사상과 사회 체제가 반영되어 강하게 작용하고 있는 것이다.

2. 고사기의 성립

덴무 천황의 시대에 들어와 천황의 절대적인 권력 아래 율령에 기반한 중앙집권제의 국가 체제 확립을 목표로 정책이 전개되었다. 율령(浄御原律令)의 제정이나 위계의 제정에 병행하여 정치가 시행되었다. 덴무 천황에 의한 역사서 편찬의 기획 또한 이 중앙집권제의 국가 체제를 확립하기 위한 것이었다.

덴무 천황은 정확한 전승을 후세에 전하기 위해 '제기(帝紀)'와 '구사(旧辞)'의 내용을 검토하게 했다고 한다. 제기는 '제황일계(帝皇日系)'라고도 불려 황실의 모든 계보와 황위 계승의 경과, 그리고 황실과 관련한 주요 사항을 소재로 하는 기록이다. 구사는 '본사(本辞)' 또는 '선대구사(先代旧辞)'라고도 불리며, 씨족에 전승된 신화와 전설, 가요 이야기 등의 '모노가타리적(物語的)' 서술을 기반으로 하는 기록이었을 것으로 파악된다.

덴무 천황은 제기와 본사의 허위를 제하고 옳은 것을 골라 정리하고, 난해한 자료를 히에다노 아레에게 읽혀 익히게 했다고 한다. 히에다노 아레는 '도네리(舍人)'라고 하는 높지 않은 관직이었지만, 궁정의 다이조 제사(大嘗祭)나 진혼제 의식에 봉사한 사루메노 기미 씨 출신으로, 궁정의 제사 의식과 구사의 세계에 정통하고 게다가 학식도 풍부하여 중용된 것으로 알려져 있다.

이런 식으로 『고사기』 편찬 계획이 진행되었는데, 덴무 천황이 사망하여 완성에 이르지 못했다. 그 후 지토(持統), 몬무(文武) 2대를 거쳐 나라 조(奈良朝) 초엽에 이르러 천황인 겐메이(元明)가 숙부인 덴무 천황의 유지를 계승하여 구사의 오류를 바로잡기 위해 와도(和銅) 4년(711)에 오오노 야스마로(太安万侶)에게 『고사기』 찬록을 명했다. 야스마로는 히에다노 아레가 읽어 익힌 구사를 문자로 기록할 때 옛말과 그 의미의 보존에 대해 고심하면서 한자의 음과 훈을 빌려 기술한 후 와도 5년(712)에 『고사기』 3권을 완성하여 진상한다.

3. 조직과 내용

『고사기』는 상권에 신화를 수록하고 중권과 하권에 진무 천황으로부터 스이코 천황에 이르는 고사(古史)와 전설을 게재하고 있다.

신화의 구성은 다음과 같이 3부로 구분할 수 있다.

제1부 다카마노하라 신화군

제2부 이즈모 신화군

제3부 쓰쿠시 신화군(히무카 신화군)

제1부는 천지의 개벽에서 스사노오의 다카마노하라 추방까지로, 천상신에 관한 신화로 구성되어 있으며, 주로 다카마노하라를 신화의 무대로 하고 있다.

이자나기, 이자나미 두 신에 의한 국토 창생과 신 낳기, 이자나미의 죽음과 요미노쿠니(황천) 방문 이야기, 아마테라스와 스사노오의 갈등, 천상의 바위굴 문 신화 등을 주요 내용으로 한다.

다카마노하라 신화군은 북방계 종족으로 추정되는 천손계 씨족(천황 씨족)의 신앙과 전승을 중심으로 정리된 것으로, 북방계 종족의 원시 종교인 샤머니즘의 특색이 잘 나타나 있으며, 세계관에서 다카마노하라(천상), 아시하라노나카쓰쿠니(지상), 요미노쿠니(황천) 등을 입체적으로 구상하고, 그중 천상신들의 세상을 다카마노하라로 하고 있다. 신들이 다카마노하라에서 지상으로 강림하는 내용은 북방계 종족의 신앙과 종교 사상에서 유래하는 것으로 파악된다.

니니기가 천상신의 손(孫)으로서 다카치호의 봉우리로 강림하는 신화는 고조선의 환웅과 신라의 시조 혁거세왕, 가야의 시조 수로왕이 신의 아들로 강림했다고 전해지는 고대 한국의 시조 탄생 전승과 동일한 형태이다. 이 같은 신의 자손 강림 신화는 고대 군주의 즉위 의식과 밀접한 관련이 있으며, 일본의 천손 강림 신화에는 천황 즉위의 의식으로서 다이조 제사 의례와 신앙을 반영하고 있다. 만주와 몽골 종족의 군주가 즉위할 때 행했던 의식도 군주가 새로운 태양신으로서 탄생한다는 의미를 띠고 있다고 전해진다. 즉 천손 강림 신화의 천손 강탄 사상은 고대 한국에서 만주, 몽골에 걸쳐 널리 행해지던 신앙과 연결되어 있는 것이다.

그러나 다카마노하라 신화는 북방계뿐 아니라 남방계 종족의 신화와 신앙, 습속에서 발원하는 것으로 추정되는 요소도 포함하고 있다. 이자나기, 이자나미 두 신이 천상의 기둥을 각각 좌우로 돌아 창화(唱和)하고 부부가 되었다고 하는 신화는 중국 남부와 동남아시아에 널리 분포하고 있는 의례와 관련이 있으며, 넓은 바다에 국토를 낳는 신화의 모티브는 인도네시아나 폴리네시아 방면의 신화에 원천을 두고 있다고 전해진다. 또한, 다카마노하라 신화에서 매우 중요한 신인 이자나기나 아마테라스 신앙에는 남방계 종족의 신앙을 상상하게 하는 부분이 있다. 태양신을 지배계급의 조상신으로 숭배하는 신앙은 이집트, 인도, 페르시아를 비롯하여 인도네시아나 만주 몽골 제족 사이에서도 행해져, 일본 신화의 '태양신' 관련 관념과 신앙이 남방계인지 북방계인지는 쉽게 판단하기 어렵다.

천상의 바위굴 문 신화에도 동남아시아의 일식 또는 동지에 관한 의례와 신화에서 파생되었을 것으로 파악되는 소재가 있다. 또한, 바위굴 문 신화는 천황에 의해 행해지는 니이나메 제사나 다이조 제사 의례를 반영하고 있는데, 니이나메 제사는 인도네시아와 인도차이나 방면의 도작 농경 의례와도 연결되는 부분이 있다.

이처럼 천손계 씨족에 의해 정리된 다카마노하라 신화 안에는 남방계 종족의 전승에서 유래하는 것으로 보이는 신화와 신앙, 습속이 포함되어 있어, 북방계 문화와 남방계 문화가 복잡하게 얽히고 결합하여 다카마노하라 신화를 구성하고 있는 것으로 파악된다.

이즈모 신화군은 스사노오의 이즈모국으로의 추방으로 시작되어 천신에 대한 오오쿠니누시의 복속을 의미하는 국토 이양 이야기로 결말을 고하고 있다. 신화의 무대는 주로 이즈모국(네노쿠니 포함)이며 지상신으로 불리는 이즈모계 신들이 활약하는 신화군이다.

이즈모계 씨족은 예로부터 한반도 동남부와 연관되어 있으며 농경 및 어로를 경제 기반으로 하는 사회를 형성하고 있었다. 그리고 야마토 조정에 의한 국가 통일 이전에 이즈모계 씨족은 이즈모를 중심으로 하는 추고쿠(中国) 지방에 정치, 종교적으로 세력권을 확립하고 있었을 것으로 추정된다.

이즈모 신화군은 스사노오의 이무기 퇴치와 오오나무지, 스쿠나비코나 두 신에 의한 나라 만들기, 천상신과 이즈모계 신들 사이의 정치적인 절충과 오오쿠니누시의 국토 이양 이야기 등으로 구성되어 있다. 그밖에 『고사기』에는 오오나무지와 관계된 이야기로 토끼와 상어 관련 설화와 네노쿠니를 방문하여 스사노오가 부과한 시험을 치르거나 스사노오의 딸 스세리비메를 아내로 맞는 이야기, 야치호코(八千矛)의 구혼 관련 가요 이야기 등이 실려 있다. 『고사기』가 이즈모계 신화를 풍부하게 도입하고 있는 점은 『일본서기』와 다른 특징이며, 또한 『고사기』의 신화가 『서기』와 비교해 문학성이 뛰어나다고 평가받는 이유이기도 하다.

다카마노하라 신화가 궁정의 신앙을 중심으로 하고 있는 반면, 이즈모 신화는 지방 농경민 사회의 신앙에 근거한 다양한 신화를 전해주고 있다. 다카마노하라 신화에는 일신(日神) 숭배와 결합한 황조신(皇祖神) 관념이 강조되고 있는 데 반해, 이즈모 신화에는 물

신으로서의 뇌신(雷神)과 사신(蛇神)에 관한 종교적이고 신화적 표상이 많은데 이유가 바로 그 때문이다. 야마타노오로치는 말할 것도 없고, 오오쿠니누시의 아들인 아지스키타카히코네와 미와야마(三輪山) 오오모노누시(大物主)도 모두 뇌사신(雷蛇神)이다. 사신 신앙은 동아시아에 널리 분포하고 있는 용신 숭배 신앙과 밀접한 관계가 있다.

야마타노오로치 퇴치 신화는 동아시아에 분포하는 용신 설화와 동류의 설화임과 동시에 공통의 문화적 모체에서 파생한 이야기로 추정된다. 농경 생활에 의존한 이즈모계 씨족의 신화에는 물신(水神)인 뇌사신(雷蛇神) 외에 곡신(穀神)과 식물신(食物神)의 이름이 종종 나타난다.

다카마노하라 신화의 특징 중 하나가 입체적 세계관을 띠고 있는 점이라고 한다면, 이즈모 신화의 특징은 신령의 세계를 바다의 저편에 있다고 믿으며, 신은 바다를 건너오고 바다의 저편으로 사라진다고 여긴 점이다.

오오나무지가 야소 신들(八十神)과 네노쿠니의 스사노오에 의해 다양한 시련을 겪고 죽음의 고난을 거쳐 부활하고 재생하여 영웅신인 오오쿠니누시로 거듭나는 이야기에는 고대 사회의 성년 의례인 죽음과 부활 의식이 반영되어 있다. 이와 같은 성년식 의례를 남방에서 발원한 풍습으로 보는 견해가 있다.

이즈모 신화의 마지막 부분, 즉 아마테라스의 명령에 따라 다카마노하라에서 사자로 파견된 다케미카즈치가 오오쿠니누시와 교섭하여 국토 이양을 다짐받는 이야기는 이즈모 씨족의 세력이 야마토 조정에 복속되기에 이른 사실을 전하는 신화이며, 이 신화가 성립한 것은 6세기 이후로, 다케미카즈치를 나카토미 씨의 조상신으로서 제사 지내게 된 이후부터일 것으로 파악된다.

히코호노니니기가 다카치호 봉우리로 강림한 이후의 이야기가 쓰쿠시 신화이며, 신화의 무대는 일변하여 이즈모에서 규슈로 이동하고, 문학성 풍부한 혼인 신화와 해양 신화가 전개된다.

천손 강림 신화는 전반부에 위치한 천상의 바위굴 문 신화에 접속하는 신화이며, 이 신화는 천손계 씨족(천황 씨족)에 의해 전승된 것이다. 천상신이 다섯 역할의 수행자를 동반하고 산봉우리로 강림하는 이야기와 선도 역할을 담당하는 신들이 활과 화살, 대도를 지니고 있는 점 등, 모두 북방계 종족 문화의 특색을 나타내고 있다는 점에서 주목된다.

‘다카치호(高千穗) 봉우리’의 ‘치호(千穗)’는 벼 이삭의 풍요를 의미한다. 이 산에 강림하는 신으로서 아메노오시호미미, 그 자식인 히코호노니니기, 이들의 이름에 포함된 ‘호’는 벼 이삭을 의미하며 니니기의 아들인 히코호호데미(호오리)의 이름도 벼 이삭에서 연유한 것이다. 이러한 황조신은 모두 곡신의 성격을 지니고 있으며 천손 강림은 하늘에서 내려오는 곡령 신앙을 나타내고 있다. 이와 같은 신앙을 동반한 천손 강림 신화는 궁정에서 행해지는 니이나메 제사, 즉 다이조 제사와 관련이 있으며, 다이조 제사의 사상을 신화적으로 표현한 것으로 해석된다.

천손 강림을 서막으로 하는 쓰쿠시계 신화는 니니기, 히코호호데미, 우가야후키아에즈 3대에 걸친 신들의 혼인 신화를 중심으로 전개되고 있다.

니니기와 고노하나노사쿠야비메의 혼인 신화에서는 니니기가 사쿠야비메의 언니인 이와나가히메를 돌려보내고 사쿠야비메만을 아내로 삼았기 때문에 천손의 수명이 짧아졌다고 설명하고 있다. 인간의 죽음을 설명하는 신화의 모티브가 인도네시아에서 동남아시아에 걸쳐 분포하는 바나나형 설화에서 발원하고 있다는 것은 이미 알려진 사실이다. 인도네시아의 바나나형 설화는 인도네시아계 종족으로 추정되고 있는 하야토 족에 의해 규슈 남부에 전해진 것으로 알려져 있다. 기기 신화에서는 니니기의 처가 된 고노하나사쿠야비메의 이름을 '가무아타쓰히메'라고도 전하고 있다. 가무아타쓰히메는 하야토의 여 추장적 존재이며 천손과 하야토 족을 혼인 관계로 결합시킨 혼인 신화에 하야토 족이 전승한 바나나형 설화의 모티브를 융합시키기 위해 아타쓰히메와 사쿠야비메를 동일 신으로 기술한 것으로 파악된다.

바나나형 설화는 셀레베스 포소 지방에 전해지는 신화이다. 인간은 신이 하늘에서 내려준 바나나를 먹으며 살아왔는데, 어느 날 신이 바나나 대신 돌을 내리자 인간은 돌을 거부하고 바나나를 요구했다. 그때 신은 돌을 받았다면 인간의 수명이 돌처럼 불멸했을 텐데 바나나를 요구했기 때문에 바나나처럼 짧아질 것이라고 했다고 한다.

우미사치비코(호데리)와 야마사치비코(호오리)의 이야기로 시작되어 야마사치비코와 해신의 딸 도요타마비메의 결혼, 그리고 우가야후키아에즈의 출생을 묘사하는 일련의 신화에는 바다를 배경으로 하는 문학적인 해양 신화가 큰 부분을 점하고 있다.

이 신화도 남방계 요소가 복합적으로 합체되어 있는 것이다. 야마사치비코가 잃어버린 낚싯바늘을 찾아 해신의 궁을 방문하는 이야기는 국내외의 학자들에 의해 연구된 것처럼 인도네시아에 분포하는 동형 설화에서 유사전이 발견된다.

또한, 히코호호데미와 도요타마비메의 혼인 신화는 멜라네시아에서 인도네시아에 걸쳐 분포하는 여인도 설화의 모티브와 인도에서 인도차이나 미얀마에 걸친 고대 왕국에 전승되던 용녀 설화의 모티브가 결합하여 성립한 것으로 파악된다.

인도네시아 방면에서 원류를 발한 설화는 남방계 종족에 의해 전승되고 있던 것으로 생각되지만, 그중에서도 하야토계의 설화는 하야토 족이 야마토 조정에 복속되고 나서 히코호호데미를 주인공으로 하는 궁정 신화 안에 흡수되고 결합한 것으로 이해된다. 히코호호데미와 도요타마비메의 혼인은 곡신과 수신의 결합에 의한 벼의 풍요를 의미함과 동시에 사회적으로는 천황 씨족과 해신을 신앙하는 해인족 계의 호족 아즈미노 무라지(阿曇連)와의 친연 관계를 가리키는 것이다.

<연구>

한 · 일 신화의 닮은 점, 다른 점

　한국의 건국 신화와 일본의 왕권 신화를 비교할 때 보통 그 공통점으로 신화의 발상지를 추적하거나 사적 관점에서의 영향 관계나 원천을 찾는 연구가 많다. 일찍이 오오바야시 타료(大林太良)가 "왕권 신화의 분야에서 유사성이 보이는 것은, 고대의 왕후 문화 내지, 지배 문화에 어떠한 친연 관계가 존재한 결과였을 개연성이 높다(王権神話の分野で類似が見られるのは、古代における王侯文化ないし支配文化に何らかの親縁関係が存在した結果だった蓋然性が高い)."라고 지적하고 있는 것처럼, 분명히 한국과 일본의 건국 신화에서는 화소가 되는 것에 유사성이 보이며, 신화가 만들어지기 이전부터 한반도와 열도 사이에 유대 또는 교류가 있었다는 사실에는 의심의 여지가 없고, 따라서 신화에 어떤 분모가 되는 요소가 보이는 것은 당연한 일일 것이다. 양국 신화의 유사점으로서 남자 주인공의 도주나 파견의 형태를 띠는 유리담과 여자 주인공의 폐쇄된 공간에서의 칩거의 양상이 다수의 신화 속에 확인된다.

　또한, 약간의 차이는 있지만, 대체로 남자의 유리에는 이하의 정해진 몇 개의 패턴이 제시되고 있는 것을 알 수 있다. 우선 유리하는 남자의 신분이 적자나 장자가 아니라 서자나 차자 이하의, 권력으로부터 소외된 존재라는 점과 유리하는 남자는 대부분 15, 6세의 소년 같은 이미지가 강하다는 점, 그리고 유리의 원인이 되는 것이 죄에 의한 제재일 경우는 추방이나 파견의 형태를 띠며, 박해로 인한 것일 경우는 피난 또는 도망의 형태를 띠고 있는 점, 그중에서 일본 신화의 특징으로서 추방의 경우는 최종적으로 본향으로 돌아가는 일이 없지만, 박해에 의한 경우는 귀환하여 자신을 박해한 자들을 굴복시키고 지배자가 되는 구조를 띠고 있는 점 등을 들 수 있다.

한편 남성의 유리에 반해 여성은 폐쇄된 공간에 칩거하거나 감금당하는 등의 구조가 건국 관련 신화에 나타나 있는 것을 알 수 있다. 칩거는 결과적으로 출산이나 재생으로 귀결되고 있지만, 칩거의 원인은 제각각이다. 다만, 그 결과는 대체로 시련을 통해서 축복이 뒤따르는 형태를 띠고 있다.

이상은 여러 신화의 표면을 채색하고 있는 공통점인데, 이야기의 흐름에 보이는 영웅의 탄생이나 성장 과정에 초점을 맞추면 신화의 자립 내지는 성장을 확인할 수 있다. 신화의 특징이나 명확히 대조되는 이야기 패턴에 주목하여 각각의 신화가 가지는 독자성에 논점을 두면, 한국과 일본의 건국 관련 신화에 몇 가지 명료한 차이가 확인되는 것이다. 단군 이하 한국의 초대 권력으로 등장하는 인물과 스사노오에서 시작되는 이즈모를 포함한 아시하라의 신화 인물의 탄생에서 성장에 이르는 과정, 특히 신화의 주인공으로 등장하는 소위 영웅이라 불리는 존재들에게 보이는 신성에 큰 차이가 있다.

먼저 한국의 신화에 보이는 건국 시조 탄생에 관련한 내용을 개관하면, 탄생 전후에 주인공의 신성이 강조되어 혈통은 물론, 기이한 출생의 양상과 함께 걸출한 용모와 뛰어난 기량을 부각하고 있는 것을 알 수 있다. 즉 처음부터 지배자로서의 자질이 충분하다는 사실을 강조하고 있다. 그것은 고조선의 단군뿐만 아니라 신라의 박혁거세, 고구려의 주몽, 가락국의 수로에 공통적으로 나타나 있다.

반면 일본의 신화에는 주인공의 탄생과 관련한 묘사조차 찾을 수 없는 경우가 많고, 탄생과 관련한 기술이 있다고 해도 괄목할 만한 영웅성이 확인되지 않거나, 용모에 대한 언급이 없는 경우도 많다. 오히려 영웅과는 거리가 멀어 지나치게 온후하거나 우유부단해서 지배자로서의 면모에 부족함이 느껴질 정도다. 혹은 정반대로 영웅의 풍모는 갖추고 있으나 지나치게 횡포하여 성군으로서의 이미지에 치명적인 결함을 보이는 경우가 있다.

한편 한국 신화와 일본 신화 사이에는 주인공의 성장 과정과 지배자로의 변모 과정에도 상당한 차이가 확인된다. 한국의 경우,『동국이상국집』의 '동명왕 편'은 주몽이 태어나 아직 1개월도 지나지 않은 시기에 입을 떼고 말을 시작했다고 적고 있으며, 7세에는 활과 화살을 만들어, 쏘면 백발백중이었다고 한다. 이후 사냥에도 탁월한 기량을 자랑했다고 기술하고 있다. 또한, 비범한 성장 과정에 관해서는 가야(가락국)의 수로왕에게서도 유사점이 발견된다. 알에서 태어난 수로는 태어난 지 10여 일 만에 신장이 9척이나 되었고, 그 용모도 중국의 역대 영웅과 닮았다고 기술하고 있다. 다시 말해서 탄생의 순간부터 왕으로서의 풍모를 겸비하고 있었으며, 권좌에 오르는 것은 태어나기 전부터 이미 정해져 있던 것처럼 묘사하고 있다.

그러나 일본 신화 속 영웅의 성장 과정에 주목하면, 형제에게 박해를 받아 도망하는 오오나무지(오오쿠니누시)와 호오리노 미코토 (야마사치비코)는 유리를 통해 위대한 신의 딸을 만나 그의 헌신적인 조력으로 신의 영력을 손에 넣어 영웅으로 재탄생하는 전개 방식이다. 영웅이라고는 하지만 자신의 노력으로 얻어진 결과라기보다 마지막까지 타인의 도움과 타인에게 받은 주술적인 도구 등을 이용하여 지배자가 되는 독특한 구조를 띠고 있다.

또는 죄를 범해 추방당하거나 파견되는 스사노오나 야마토타케루는 유리지에서 만난 적과 정면 대결을 통해 승부를 가리는 것이 아니라 술의 힘을 빌리거나 여장(女裝)을 하는 등, 상대를 속여 죽이는 비겁한 수단을 이용하고 있다. 이러한 점에서 일본 신화 속의 영웅은 한국과 큰 차이를 보이고 있다고 말할 수 있다.

태어날 때부터 지닌 강력한 힘과 왕으로 옹립하려고 하는 세력이 있음을 전면에 내세우고 있는 한국과는 달리, 일본에는 유리와 여성의 조력, 그리고 여성의 아버지인 위대한 신의 가호로 영웅이 탄생하는 형태의 이야기가 많다. 또 한 가지 덧붙이면, 칼로 상징되는 스사노오나 야마토타케루 같은 영웅도 적을 제압하는 과정에서 정공이 아니라 속임수나 도구를 이용하는 점에서 한국의 무용담과 상반된다고 할 수 있다.

오오쿠니누시 신화의 특색

1. 머리말

『고사기』의 신대 신화를 통틀어서 오오쿠니누시(오오나무지)만큼 다양한 이야깃거리를 간직한 신은 없을 것이다. 기재 분량에서도 타 신화와 비교해 압도적으로 많다. 『일본서기』가 오오쿠니누시 관련 주요 신화에 대해서 '오오쿠니누시와 스쿠나비코나(少彦名命)의 나라 만들기'를 스사노오(素戔嗚尊)의 야마타노오로치(八岐大蛇) 퇴치 이야기의 '일서(一書)'로 게재하고 있는 것74)과 비교하면 『고사기』에 있어서의 오오쿠니누시 신화의 비중은 가히 크다고 하지 않을 수 없다.

또한, 오오쿠니누시는 다른 신들과 비교할 수 없을 만큼 다수의 이름을 가진 신으로 등장하고 있다. 이미 많은 연구자가 지적하고 있는 것처럼, 오오쿠니누시라는 이름은 오오나무지, 야치호코, 아시하라노시코오, 우쓰시쿠니타마 등의 호칭이 종합되고 통일되어 붙여진 신명75)이라고 볼 수 있다.

『고사기』에는 다양한 이름에 걸맞게 그를 둘러싸고 다채로운 이야기가 전개되고 있다. '이나바(稲葉)의 야가미히메(八上比売)와 시로우사기(素兎)', '야소 신들(八十神)에 의한 두 번에 걸친 죽음', '네노쿠니(根の国)로의 도주', '스사노오가 부여하는 시련과 스세리

---

74) 가와이 하야오는 『일본서기』가 오오쿠니누시의 신화를 중시하지 않는 이유에 관하여, 이즈모계에 대해 이즈모계 신의 조상을 아마테라스의 남동생인 스사노오로 하기 위한 궁리가 반영된 결과라고 추정하고 있다. 河合隼雄, 『神話と日本人の心』, 岩波書店, 2003, p.206.

75) 青木紀元, 「大国主神の成立」, 『日本神話 I』 수록, 有精堂, 1970, pp.243-244.

비메(須勢理毘売)의 조력', '누나카와히메(沼河比売)에게 구혼하는 야치호고 신(八千矛神)', '스쿠나비코나 신과 미모로야마(御諸山)의 신' 등, 신대 신화의 그 어느 주인공보다 풍부한 이야깃거리를 간직하고 있는 신으로 등장하고 있다. 이런 다채로운 소재가 그를 인문영웅(人文英雄)[76]으로 불리게 한 이유일 것이다.

탄생 장면조차 확인되지 않고 나약하기만 하여 형제 신들인 야소 신들에게 끊임없이 학대를 당하는 장면을 통해서는, 절대로 권력을 쟁취할 수 없는 존재로서의 인상이 강하다. 그러나 네노쿠니의 큰 신 스사노오가 부여한 수차례의 시련을 극복하고, 스사노오의 강력한 힘을 상징하는 세 개의 신보(生大刀·生弓矢·天の沼琴)를 훔쳐 스사노오의 딸 스세리비메를 업고 이즈모로 돌아오면서 오오나무지는 오오쿠니누시로 변신하여 지배자가 된다.

이를 영웅담으로 보는 것이 학계의 일반적인 견해지만, 실제로 이야기 속에서 오오쿠니누시에게 영웅적인 모습을 발견하기란 결코 쉬운 일이 아니다. 왜냐하면, 그는 야소 신들의 박해와 스사노오의 시련을 자력으로 극복하면서 점차 강자로 변모해 가는 것이 아니라 오로지 타인의 훈계와 도움을 받아 결과적으로 지배자가 되기 때문이다.

여기서는 『고사기』에 등장하는 오오나무지(오오쿠니누시)를 중심으로, 야소 신들에 의한 박해에서 유리, 그리고 권력 장악의 과정에서 확인되는 오오쿠니누시 신화만의 이채로운 소재와 묘사가 의미하는 것이 무엇인지 고찰하고자 한다.

---

76) 다카키 도시오(高木敏雄)는 오오쿠니누시에 대해 "인문 영웅으로서의 오오쿠니누시의 사업은 천손 강림에 이르러 마지막을 고하고 있다."라고 논하고 있다. 『日本神話伝説の研究』, 荻原星文館, 1943, p.165.

2. 오오쿠니누시의 계보와 야소 신들

『고사기』안에서 오오쿠니누시는 스사노오가 야마타노오로치(八俣大蛇)를 퇴치하고 구시나다히메(櫛名田比売)를 아내로 맞아 이즈모(出雲)의 스가(須賀) 땅에 궁전을 조영했다는 내용 뒤에 이어지는 계보의 마지막에 등장하는 신이다. 신화에서 그가 이즈모의 지배자가 되기까지의 과정을 살펴보면 매우 독특한 전개 양상을 띠고 있는 것을 알 수 있다. 오오쿠니누시는 마지 자신의 의지와는 관계없이 이즈모의 지배자가 되는 신처럼 그려지고 있는데, 특히 여자와의 관계가 타 신들과 비교해 매우 복잡하게 얽혀있는 점이 이색적이다.

오오나무지의 이즈모에서 네노쿠니로의 피난은 형제인 야소 신들의 박해에 의한 것으로, 난행에 대한 제재로서의 추방, 또는 정벌자로서의 파견과는 성격이 다르다. 이즈모계 신화의 조상신이라고 일컬어지는 스사노오가 처음부터 남자답고 거친 신으로 등장하는 것과는 달리 그 6대손 오오나무지는 온순한 성정의 소유자로 혼자의 힘으로는 도저히 권력을 가질 수 없는 유약한 남자로서의 이미지가 강하다.

『고사기』에서의 오오나무지는, 별칭인 아시하라노시코오노 미코토(葦原の志許乎の命)로 등장하여 가라국(韓国)에서 건너온 아마노히보코노 미코토(天日槍の命)와 국토를 점하기 위해 적극적으로 다투는 『하리마국 풍토기(播磨国風土記)』에서의 모습이나, 『이즈모국 풍토기(出雲国風土記)』에서 지상을 만든 큰 신으로 등장하여 야소 신들을 몰아내거나 정벌하는 오오나모치(大穴持命) 이야기 등과 배치되는 모습이 많다. 이미 통설로 자리 잡아 자세한 것은 생략하지만, 자료를 종합해 보면 『고사기』의 오오쿠니누시 신화는 다양한 신화를 융합하여 새롭게 각색한 것으로 이해된다.

나카니시 스스무(中西進) 씨도 지적하고 있는 것처럼 『고사기』의 오오쿠니누시는 마지막까지 누군가 협력자가 없으면 안 되는 인물이다. 그러나 거기에는 오오쿠니누시를 철저히 자비 깊은 인자(仁者)로 묘사함으로써 박해하는 자의 잔인함을 부각하여 읽는 이에게 혐오감을 심화시키기 위한 작의가 엿보인다. 또한, 읽는 이로 하여금 박해당하는 자에 대한 동정심을 유발하여 결국에는 극복자로의 변모를 이룬 오오쿠니누시가 이즈모로 귀환하여 야소 신들을 굴복시키는 행위를 정당한 것으로 인식시키고, 지배를 타당한 것으로 하기 위한 의도가 역력하다.

전술한 것처럼 오오쿠니누시는 신화에 등장하는 많은 다른 신에 비해 상대적으로 다양한 이름을 가진 신이라는 점을 주목할 만하다.

> 아메노후유키누 신이다. 이 신이 사시쿠니 대신의 딸 사시쿠니와카히메라는 이름의 신을 아내로 맞아 낳은 자식은 오오쿠니누시 신이다. 이 신의 다른 이름은 오오나무지 신이라 하며, 또 다른 이름은 아시하라오시코오 신이라 하며, 또 다른 이름은 야치호코 신이라고도 하며, 우쓰시쿠니타마 신이라고도 하여 합쳐서 다섯 개의 이름이 있다.

오오쿠니누시는 계보 상에서 스사노오가 야마타노오로치를 퇴치하고 스가에 궁전을 조영하여 구시나다히메의 아버지 아시나즈치(足名椎神)를 궁의 수장으로 임명한 후 구시나다히메와 관계를 맺어 자식을 낳고 또 그 자식에 의해 후손이 이어지는 기술의 끝부분에 자리하고 있다. 오오쿠니누시가 스사노오에서 시작된 계보를 통해 지배자의 맥을 잇는 존재임을 시사하고 있는 내용이다.

그런데 계보에는 형제에 관한 언급이 없지만, 그 뒤에 이어지는 오오쿠니누시를 주인공으로 하는 신화에서는 많은 형제 신들이 있는 것으로 기술하고 있다.

이 오오쿠니누시 신에게는 많은 형제 신(八十神, 야소 신)이 계셨다.

또한, 여기에 이어지는 내용에서는 결론적으로는 야소 신들이 오오쿠니누시에게 나라를 다스리는 것을 양보했다고 적고 있지만, 초반에는 오오쿠니누시를 형제로 등장시킨 야소 신들(八十神)에 의해 천대와 멸시를 받는 존재로 그리고 있으며, 지배자가 될 수 없을 것 같은 처지로 묘사하고 있다. 주지하는 바와 같이 상대(上代)의 말자 상속의 관습이 반영된 결과라고 보는 견해, 야소 신들에 의한 시련은 청년에게 부과된 성년이 되기 위한 수련의 양상을 가리킨다는 견해가 있는 것처럼, 일본의 고전 모노가타리의 전형인 남자 주인공이 성인이 되기 위해 치르는 통과 의례의 색채를 띠고 있는 것은 틀림없는 사실이다. 그러나 여타 모노가타리의 주인공에 비해 지배자로서의 선천적인 자질이 상대적으로 미흡한 인물로 그려지고 있는 것은 큰 차이점이라고 할 수 있다.

그런데 여기에서 한 가지 큰 의문점은, 주인공을 박해하는 야소 신들(八十神)을 직역하면 '여든 명의 신'이 되는데, 이는 수가 많음을 우회적으로 표현한 호칭이라는 점이다. 즉 특정한 이름을 부여받아 등장하는 형제가 한 명도 없으며, 이 같은 점은 다른 신화와 구별되는 독특한 구조이다. 신대 신화에 있어서 형제간의 다툼을 제재로 하고 있는 니니기의 아들 호데리, 호오리의 이야기와 비교해 봐도 그 차이가 확연하다. 호오리의 경우 지배자가 되기까지 형 호데리와의 주도권 다툼을 명확하게 기술하고 있다.

오오쿠니누시 신화는 야소 신들이 이나바(稲葉)의 야가미히메(八上姫)를 아내로 맞이하기 위해 길을 떠날 때 오오나무지(오오쿠니누시)가 짐꾼으로 강요당하여 소위 종자(從者)로 따라가는 내용으로 시작된다. 형제이면서도 종자로 데리고 갔다는 것은, 단순히 형제들보다 어리다는 의미에 그치지 않는다. 즉, 기록에서는 형제들 간의 지위를 반영한 내용으로 해석하도록 하려는 의도가 감지되는 것이다. 모두부의 내용에서는 오오쿠니누시가 어떤 혈통이든 권좌에 앉는 것은 불가능한 처지라는 점을 강조하고 있다고 볼 수 있다. 이는 종자로 따라가거나 가혹한 박해에도 저항하지 않고 감내하는 태도 등에서도 확인된다.

그런데 전술한 것처럼 사실상 호칭에서 보는 바와 같이 야소 신들을 특정 인물이 아니라 다수를 나타내는 '팔십신(八十神)'이라는 이름으로 뭉뚱그려 등장시키고 있으며, 일인자를 짐작하게 할 만한 명확한 이름의 인물이 없는 것은 여타 신화와 다른 점이다. 결국, 처음부터 오오쿠니누시의 지배를 타당한 것으로 하기 위해 만들어진 이야기 구조로 이해되는 것이다. 그것은 네노쿠니에서 스사노오의 정치 권력과 종교적 권위를 상징하는 칼과 활, 거문고(琴, こと)를 훔쳐 스세리비메와 함께 도주할 때, 두 사람을 추격해 오던 스사노오가 이를 포기하고 멀리서 오오쿠니누시를 축복하여 외치는 말 속에 잘 드러나 있다.

> 네가 가지고 있는 그 큰 칼과 활로 너의 배다른 형제들을 언덕 끝으로 몰아 굴복시키고 강가로 쫓아내어 네놈이 오오쿠니누시가 되고,

또 현세의 영혼 신(宇都志国玉神)이 되어라. 내 딸 스세리비메를 정처로 삼아 우카 산 기슭에 땅을 깊숙이 파 굵은 기둥을 세우고 치기가 하늘 높이 우뚝 솟은 궁전을 지어라, 이놈아!

쓰기타 마사키(次田真幸) 등이 지적하고 있는 것처럼 오오쿠니누시가 신보(神宝)를 손에 넣어 지배자가 되는 것은 천손 니니기가 아마테라스로부터 3종의 신보를 하사받아 아시하라노나카쓰쿠니의 통치자로서 강림하는 이야기와 쌍을 이루는 내용이다.

그런데 이러한 지배의 논리를 만들기 위해서는 지배자로서의 자질과 이복형제로 등장하는 야소 신들을 굴복시키기 위한 정당한 이유가 필요하다. 그래서 오오쿠니누시를 야소 신들과 대별되는 인격의 소유자로 등장시키고, 무자비한 야소 신들은 지배자의 자질을 갖추지 못해 결국 오오쿠니누시에 의해 정벌 당할 수밖에 없는 존재로 묘사하고 있는 것이다.

오오쿠니누시가 야소 신들의 모살 계획에서 벗어나기까지의 과정을 살펴보면 성인군자의 인덕을 갖춘 인물로서의 인상이 매우 강하다. 반면 야소 신들은 야가미히메를 구혼하기 위해 이나바로 향해 갈 때 오오쿠니누시에게 모든 짐을 짊어지게 한다든지, 오키 섬(隠岐島)에서 건너온 시로우사기(素兎, 흰 토끼)를 기만하여 고통을 안겨주면서도 일말의 죄책감조차 느끼지 않는 냉혈한으로 그리고 있다. 더욱이 자신들이 아내로 삼으려고 한 야가미히메가 오오쿠니누시를 남편으로 선택한 것을 시기하여, 오오쿠니누시를 속여 죽이기까지 한다. 더 나아가 죽음에서 소생하자 또다시 참살하는 극악무도한 자들로 그려, 그 누구에게도 관용을 얻을 여지가 없는 인물들로 등장시키고 있다. 야소 신들에 의한 두 번째 죽음에서도 오오쿠니누시는 어머니의 간절한 염원으로 되살아나고, 마침내 어머니의 훈계를 받아들여 난을 피해 기노쿠니(木国)로 도주하고 이어서 네노카타스쿠니로 향하게 된다.

즉, 무욕의 오오쿠니누시를 도망의 길에 오르게 하는 것은 탐욕스러운 야소 신들이며, 여기에 오오쿠니누시의 선량함과 형제들의 포악함을 명확히 대비시켜 읽는 이로 하여금 오오쿠니누시를 절대적으로 옹호하고 지지하도록 하는 작의가 엿보인다.

애당초 오오쿠니누시에게서 영웅성은 물론 비범한 곳조차 찾아보기 어렵다. 주인공이 갖고 태어나는 영웅성은 스사노오와 다케미카즈치, 야마토타케루 등에서 발견할 수 있다. 능동적이고 공격적이며, 자신의 힘으로 미래를 개척해 나가거나 맡은 임무를 완수하려는 모습이 생생하게 묘사되고 있다. 그에 반해 오오쿠니누시는 지나치게 수동적이고 연약한 이미지가 강하며, 출생에 관련한 신화도 없고 초인적인 힘도 없다. 모친의 염원으로 죽음에서 소생하거나 스세리비메의 도움으로 스사노오가 부과한 많은 시련을 극복하지만, 역시 권력자로서의 뛰어난 자질은 느껴지지 않는다.

또한, 스사노오와 야마토타케루의 경우는 설령 그것이 정공법이 아니라 비겁한 방법이라고 해도 자신의 힘으로 야마타노오로치를 퇴치하거나 구마소타케루 형제나 이즈모다케루를 참살하는 등의 용맹스러운 기질을 가지고 있지만, 오오쿠니누시는 철저히 온화한 성격으로 일관되게 그려지고 있다. 네노쿠니에서 돌아와 야소 신들을 굴복시키는 과정에 대한 묘사도 영웅담이라고 볼 만한 이렇다 할 묘사 없이 단조롭게 마무리될 뿐이다.

분명히 이러한 차이에는 그만한 이유가 담겨 있을 것으로 추측되는데, 피난처에서 이즈모로 귀환하여 지배자가 되는 일과 깊은 관련이 있을 것으로 이해된다. 도망자였던 오오쿠니누시의 이즈모로의 귀환과 야소 신 평정은 여러 측면에서 모반이라는 비난을 면하기 어렵다. 다시 말해서 그 모반을 정당화하기 위해서는 처음부터 고귀한 혈통을 가지고 있으면서도 권력에는 인연이 없는 인물상을 만들 필요가 있다. 그 때문에 오로지 학대받는 자비의 신 오오쿠니누시와 흉포하고 무자비한 야소 신들을 대응시켜 박해와 시련을 견뎌 마지막으로 스사노오로부터 통치자로서의 축복을 받는 내용으로 오오쿠니누시의 지배를 정당한 것으로 만들고 있는 것이다.

또한, 전술한 것처럼, 박해하는 야소 신들은 오오쿠니누시의 형제임에도 불구하고 누구 하나 이름이 명시되어 있지 않고, 뭉뚱그려 '야소 신'으로 쓰인 부분에 주목할 필요가 있다. 오오쿠니누시가 가혹한 처사를 당하는 것을 생각하면 야소 신들 쪽이 상위이며 그들 중에 권력의 계승자가 나올 법한 내용이다. 그러나 호칭조차 부여하지 않은 것은, 처음부터 지배자로서의 자질이 결여되어 있음을 단적으로 나타낸 것으로 이해된다.

신대 신화는 계보로서의 일면이 있고 특히 형제 관계는 자세히 기록되어 있는 것이 많으며, 권력 투쟁의 양상을 이야기 형태로 볼륨감 넘치게 그리고 있는 것이 많다. 아마테라스와 스사노오, 또는 호데리와 호오리의 알력 등, 그 역학 관계가 소상하게 그려지고 있다. 그에 반해 야소 신들과 오오쿠니누시의 사이에서는 상하 관계나 계보가 명확하지 않다. 계보보다 오히려 성정의 선하고 악함을 강조한 독특한 색채를 띠고 있다.

실제로 일본의 고전에서 등장인물을 철저하게 악인으로 취급하는 용례는 극히 드물다. 설령 주인공을 박해하는 자라고 해도 궁극적으로는 속죄의 형태로 화해하는 구성의 이야기가 많다. 예를 들어 『오치쿠보 모노가타리(落窪物語)』에서의 주인공 오치쿠보노히메기미(落窪の姫君)의 계모인 기타노카타와 『겐지 모노가타리』에서의 이복형인 스자쿠테이(朱雀帝)의 경우도 마찬가지다. 그러나 오오쿠니누시에 대한 야소 신들의 악행에는 상상을 초월하는 잔혹함이 엿보이며, 거기에는 약자인 오오쿠니누시를 지배자로 변신시키기 위한 의도가 숨겨져 있다. 즉, 야소 신들의 박해의 정도가 심하면 심할수록 그들의 정벌은 필연이 되고 오오쿠니누시의 지배자로의 변모는 확고한 것이 되는 것이다.

3. 오오쿠니누시의 재생력과 여성

오오쿠니누시 신화에서 또 한 가지 간과할 수 없는 것은 신화 속에 아버지가 부재하며 아들의 안위를 걱정하는 어머니의 헌신적인 모습만 보인다는 점이다. 야소 신들에 의한 두 번에 걸친 참살 뒤에 어머니 사시쿠니와카히메(刺国若比売)의 간원에 힘입어 죽음에서 살아난 오오쿠니누시는 어머니의 훈계를 받아들여 본거지를 떠나 도주한다. 이러한 점으로 미루어 이야기 속에 모계와의 결속이 강하게 의식되고 있는 것은 부정할 수 없는 사실이다.

오오쿠니누시는 앞에서도 인용한 것처럼, 스사노오의 6대손이라는 점이나 아버지가 스사노오의 혈통을 잇는 아메노후유기누(天之冬衣神)라는 사실이 나타나 있지만, 오오쿠니누시를 주인공으로 하여 전개되는 이야기 중에는 아버지의 모습은 부재하며, 이복형제가 다수 있다는 사실만이 강조되고 있다. 실제로 이렇게 권력자로서의 아버지가 부재한 경우는 주인공의 아버지가 지배자가 아니거나 모반 등에 의해 권력을 쟁취한 사건의 신화화일 가능성이 높을 것으로 추측된다.

더욱이 오오쿠니누시는 도피처인 네노쿠니에서도 여성인 스세리비메의 절대적인 조력으로 지배자로 거듭난다. 이나바의 야가미히메에게 남편으로 선택을 받는다는 묘사도 여성을 부각시킨 독특한 이야기 구조라고 볼 수 있다.

그 외에, 야소 신들이 멧돼지를 잡는다고 산 위에서 불에 달군 바위를 굴리는데, 이를 멧돼지로 오인하여 잡으려다가 죽은 오오쿠니누시를 살리기 위해 어머니 사시쿠니와카히메는 가미무스히 신(神産巣日神)에게 탄원한다. 가미무스히 신은 이를 받아들여 기사가히히메(蚶貝比売)와 우무기히메(蛤貝比売)를 파견하여 오오쿠니누시를 되살리는 장면이 확인되는데, 여기서 두 여신은 조개를 상징하는 신으로, 조개가 여성성을 가리키는 것은 말할 필요도 없다. 이렇게 처음부터 마지막까지 오오쿠니누시는 여성에 의해 지탱되고 있다고 해도 과언이 아니다.

이를 통해 지상이 무대가 되는 신화의 구조는, 대체로 태어나면서부터 권력을 승계할 위치가 아니거나 아버지로부터 선택을 받지 못한 신들이 이야기의 중심에 자리하고 있는 경우가 많으며, 주인공이 시련을 겪거나 난관을 극복하고 지배자가 되기 위해서 어머니의 헌신과 권력자의 딸인 여성과 그 여성의 조력을 동반하고 있는 경우가 많은 것을 알 수 있다. 그것은 스사노오 신화의 구시나다히메와 오오쿠니누시 신화의 스세리비메, 호오리 신화의 도요타마비메, 그리고 게이코(景行) 천황 조 야마토다케루 이야기 속 숙모 야마토히메 등에 공통적으로 나타나 있다. 여자의 도움이 뒤따르고 있는 것은 일본 신화가 가지는 유사점이라고 할 수 있을 것이다.

이처럼 오오쿠니누시의 재생과 지배에는 어머니와 여성의 조력이 필요불가결한 요소가 되고 있는데, 또한 오오쿠니누시의 재생과 성장에는 남녀의 성적 교섭을 상징하는 다양한 묘사가 확인된다. 일견 외설적인 내용으로 치부할 수 있는 내용이지만, 이는 끊임없이 오오쿠니누시에게 재생력과 새로운 힘을 부여하기 위한 방편으로 보인다.

그 양상을 살펴보면, 먼저 야소 신들의 두 차례에 걸친 살해 방법에 잘 나타나 있는데, 거기에는 오오쿠니누시의 성장을 암시하는 요소가 사용되고 있음을 알 수 있다.

> 그 말을 들은 야소 신들은 화가 나, 오오나무지 신을 죽이려 모의하고 호우키국(伯岐国)의 데마 산 기슭으로 오오나무지를 데리고 와서, "붉은 멧돼지가 이 산에 있다. 우리가 일제히 멧돼지를 아래로 몰 테니까 너는 아래에서 기다리고 있다가 잡아라. 만일 잡지 못하면 반드시 너를 죽일 것이다." 하고 말하며, 멧돼지와 비슷하게 생긴 큰 돌을 불에 달구어 산 아래로 굴렸다. 산 밑에서 기다리고 있던 오오나무지는 그것을 붙잡으려고 하다가 불에 달구어진 바위에 데어 순식간에 숨을 거두셨다.

호우키국(伯岐国)의 데마 산(手間山)에서 오오쿠니누시가 야소 신들이 굴린 불에 달군 바위에 치여 죽는 잔혹한 영상이 떠오르지만, 그 이면에는 바위가 가진 영원성을 담고 있으며, 두 번째의 살해에서는 남녀의 성행위를 연상하게 하는 묘사가 확인된다.

하지만 야소 신들은 이것을 보고 또다시 오오나무지를 속여 산으로 데리고 들어가 큰 나무를 잘라 쓰러뜨리고 그 나무에 쐐기를 박아 그 벌어진 틈 사이로 지나가게 했다. 오오나무지가 그 틈으로 들어가 마자 쐐기를 빼내어 압사시켰다.

가운데를 세로로 자른 나무에 버팀목을 끼워 벌려놓고, 그 사이를 지나가게 하여 지나갈 때 버팀목을 빼 압사시킨 것이다. 여기에서 가운데를 세로로 가른 나무는 여성의 국부를 상징하며, 성적 교섭을 통한 새로운 생명으로의 부활을 암시하고 있음을 알 수 있다.

이러한 묘사 방법은 다카마노하라(高天の原)의 베틀 방에서 스사노오가 베틀 방 지붕에 구멍을 내어 가죽을 거꾸로 벗긴 말을 떨어트려 이에 놀란 오리메(機織女)가 베틀의 북에 음부를 찔려 죽는 이야기와 유사하다. 스사노오의 난행으로 인한 오리메의 죽음은 아마테라스의 동굴 칩거를 초래하지만, 결국에는 동굴에서 재생하는 아마테라스가 있다.

잔혹한 죽음과 성적 교섭을 상상하게 하는 원색적인 내용이 중층적으로 묘사되고 있는 신화가 이즈모계를 대표하는 스사노오와 오오쿠니누시와 관련하여 나타나는 것은 매우 흥미로운 일이다. 그중에서 죽는 것이 남성인 오오쿠니누시 신화가 지배자로의 갱생을 예감하게 하는 것임은 자명하다.

오오쿠니누시가 야소 신들을 피해 기노쿠니(木国, 기이국)의 오오야비코(大屋毘古神)가 있는 곳에서 도망할 때도 굳이 나무의 가랑이 사이를 빠져나가 도주했다고 묘사하고 있다.

곧장 기노쿠니의 오오야비코 신이 있는 곳을 향해 방향을 달리해서 가게 했다. 그러나 야소 신들은 그 사실을 알고 뒤를 밟아 와서는 활에 화살을 걸고

> 오오나무지를 넘기라고 요구했지만, 오오야비코 신은 (중략) 오오나무지
> 를 나무의 가랑이 사이로 빠져나가 도주하게 하셨다.

또한, 오오쿠니누시가 네노쿠니에서 돌아와 야소 신들을 몰아내고 나라 만들기를 시작할 무렵, 이나바의 야가미히메와 결혼하여 이즈모로 데리고 오지만, 야가미히메는 스세리비메를 두려워하여 낳은 아이를 나무의 가랑이에 끼워 두고 이나바로 돌아갔다고 한다. 그래서 그 신의 이름이 기노마타 신(木俣神)이라고 불린다고 적고 있다.

> 그런데 그 이나바의 야가미히메는 처음에 약속한 대로 오오쿠니누시
> 와 결혼하셨다. 그리고 이즈모로 데리고 오셨지만, 본처인 스세리비
> 메를 두려워하여 자신이 낳은 아이를 나무의 가랑이에 끼워놓고 이나
> 바로 돌아갔다. 그래서 그 아이를 명명하여 기마타 신이라 했으며,
> 또 다른 이름으로 미이 신이라고도 부른다.

가랑이라고 하면 동체에서 다리로 갈라지는 부분으로, 이야기 속에서는 나무의 가랑이로 묘사하고 있지만, 어떤 테두리 안을 빠져나갔다거나 그곳에 끼워 두었다거나 하는 표현은 남녀 간의 성행위를 연상하게 한다. 이는 새 생명의 탄생이나 부활의 복선으로 작용하고 있다고 볼 수 있다.

기노쿠니를 거쳐 네노쿠니로 온 오오쿠니누시는 이번에는 동굴과 같은 장소에서 잠을 자야 하는 처지에 놓인다. 굴은 아마테라스가 칩거한 동굴(天の岩屋)처럼 재생 의식이 행해지는 곳으로, 오오쿠니누시의 경우도 이즈모의 지배자로 거듭나기 위해 들어가는 공간이라는 인상이 강하다. 굴에 들어가는 경위에 대해서는 명확하게

기술하고 있지 않지만, 두 번에 걸쳐 스사노오가 부여한 시험의 성격으로 굴에 들어가게 되는데, 두 번 모두 스사노오의 딸 스세리비메의 도움으로 무사히 시험을 통과한다. 전술한 것처럼 굴은 재생의 공간으로 이른바 여자의 자궁과 같은 장소이다. 즉 스세리비메와의 만남과 도움은 오오쿠니누시의 용자로서의 거듭남을 예고하는 장치인 것을 알 수 있다.

오오쿠니누시의 변신은 결국 스사노오가 쏘아 숨긴 화살을 찾기 위해 벌판으로 들어가, 움푹 파인 쥐의 굴에 떨어져 그곳에서 화살을 찾아 나오는 것으로 완성된다. 『일본고전문학감상』은 이 부분에서 '전사적 훈련(戰士的訓練)'의 모습이 엿보인다고 말하고 있다. 흥미로운 지적으로 이해되지만, 역시 여기에서의 화살이 떨어진 굴은 쥐가 오오쿠니누시에게,

안은 텅 비어 넓고, 밖은 오므라져 있다.

라고 설명하고 있는 것처럼, 여성의 자궁과 국부를 상징하는 것으로, 새로운 생명의 탄생을 상징하는 것으로 이해된다.

오오쿠니누시의 박해와 죽음과 시련의 일련의 과정을 살펴보면, 중간을 가른 나무에 압사하거나 가랑이 사이로 빠져나가는 행위는 남녀 간의 성적 교섭을 의미하며, 동굴에서의 수면은 임신 상태를 나타내며, 쥐의 굴에서 나오는 행위는 출산을 암시하는 것으로 파악할 수 있다.

이처럼 성에 기인하고 있는 장면이 많은 까닭에 오오쿠니누시의 신화를 외설적인 묘사로 오인하기 쉽지만, 재생이나 지배자로 거듭

나는 상황을 암시하는 방법으로 다용되고 있는 것이다.

이렇게 남녀의 성관계를 상징하는 장면이 오오쿠니누시 신화에 특히 많이 보이는 것은 그에게 혼인을 맺은 여자가 많았다는 사실을 상징적으로 가리키는 요소로 이해할 수도 있다. 실제로 오오쿠니누시는 스세리비메와 야가미히메 외에도 다른 신들과는 비교가 되지 않을 정도로 많은 여자와 관계를 맺고 있는 것을 알 수 있다.

> 이 야치호코 신이 고시국의 누나카와히메에게 청혼하기 위해 출타하셨을 때, 그 누나카와히메의 집에 도착하여 부르신 노래는 (후략)

여기서 야치호코 신(八千矛の神)은 오오쿠니누시 신화의 다른 계통의 이야기가 통합된 것으로 이해되는데, 창화를 통해 부부의 연을 맺는 장면이 그려지고 있다. 그리고 이 누나카와히메(沼河比壳)로 인해 스세리비메가 질투를 하여, 이즈모를 떠나 야마토로 가기 위해 말을 타려는 오오쿠니누시에게 스세리비메가 술잔을 권하여 마음을 누그러트리고 부부 관계를 맺었다는 이야기가 이어진다. 그리고 누나카와히메 외에도,

> 이 오오쿠니누시 신이 무나카타의 오키쓰 궁에 진좌하신 신 다키리비메를 아내로 맞아 낳은 아이가 (중략) 오오쿠니누시 신이 또 가무야타테히메를 아내로 맞아 낳은 아이가 (중략) 오오쿠니누시 신이 또 가무야타테히메를 아내로 맞아 낳은 아이는 (중략) 또 야시마무지 신의 딸 도토리 신을 처로 삼아 낳은 자식은 (후략)

등과 같이 신화를 통해 오오쿠니누시가 수명의 여신과 관계를 맺어 자손을 낳고 있는 것을 알 수 있다. 『이즈모국 풍토기』에도 오오나

모치(大穴持命)는 많은 신의 딸과 관계를 맺고 있는 것을 알 수 있다. 이와 같은 기술은 야스모토 비텐(安本美典) 씨가 말하고 있는 것처럼, 오오쿠니누시가 수차례의 결혼을 통해 정치 세력을 확장해 간 사실을 암시하는 내용으로 이해된다.

> 오오쿠니누시에 관한 이야기를 살펴보면 전쟁 이야기는 거의 없고 압도적으로 많은 것은 혼인담이다. 오오쿠니누시를 연을 맺어주는 신으로 제사하는 것도 이 신이 염복가(艶福家)이기 때문이다. 오오쿠니누시의 결혼은 단순한 결혼이 아니라 결혼을 통해서 정치 세력을 확장하려는 의도가 상당 부분 있었을 것이다.

이렇게 오오쿠니누시 신화에는 남녀 관계를 상징하는 묘사가 많고 이를 통해 지배자로 거듭나기 위한 다양한 장치가 곳곳에 마련되어 있다.

헤이안 시대의 모노가타리 문학인 『오치쿠보 모노가타리』 역시 또 다른 형태로 재생의 이야기를 완성하고 있는데, 이는 굴속에서 위기나 시련을 극복하여 재생에 이르는 형태를 취하는 대신, 바닥이 움푹 꺼진 방(落ち窪んだ部屋)에 기거하면서 계모로부터 가혹한 박해를 받아온 오치쿠보히메가 당시의 귀공자 미치요리 소장(道賴の少將)에 의해 구출되어 행복한 나날을 보낸다는 이야기이다. '오치쿠보(落窪)'는 여성성을 상징하는 말로 결국 모노가타리가 재생을 염두에 두고 있는 사실을 알 수 있으며, 이것은 오오쿠니누시의 본디 호칭인 '오오나무지(大穴牟遲)'의 '혈(穴)'과 마찬가지로 동굴이나 토굴처럼 새로운 삶을 부여하는 재생과 부활의 공간이라는 의미를 내포하고 있다고 말할 수 있다.

4. 맺음말

오오쿠니누시 신화는 절대 약자였던 자가 시련을 통해서 궁극적으로는 지배자로 거듭나는 과정에 관하여 다채로운 소재로 이야기를 구축하고 있으며, 한 인물을 주인공으로 하는 완전한 형태의 '모노가타리'를 형성하고 있다고 말할 수 있다. 태어나는 장면에 관한 묘사가 없는 것은 아마테라스, 스사노오, 호오리 등과 다른 점이지만, 소년에서 성인으로의 통과 의례를 연상하게 하는 이나바의 야가미히메 구혼담에서부터 야소 신들에 의한 박해와 도주, 그리고 네노쿠니에서의 스사노오에 의한 시험과 극복, 그리고 귀환과 지배로 이어지는 이야기 구조는 모노가타리 문학의 선구로 불리기에 충분하고도 남음이 있다.

신화는 모두부에서는 오오쿠니누시가 어떤 혈통이든 권좌에 앉는 것은 불가능한 입장이라는 점을 누누이 강조하고 있다. 그러나 그를 종자(從者)로 취급하는 많은 형제의 성정을 극악하게 그리고, 그들에게 개별적인 특정 호칭을 부여하지 않은 채 다수를 나타내는 '야소 신들(八十神)'로 뭉뚱그려 등장시켜, 그 지위를 짐작하게 할 만한 명확한 호칭을 부여하지 않은 것은 여타 신화와 다른 점이며, 이것은 처음부터 이들의 존재감을 약화시키는 요인이다.

이 같은 구조는 결국 박해당하는 자의 품성이 박해하는 자와 정반대인 점을 부각하고, 시련의 극복을 통해 지배자로 거듭나는 일련의 과정을 타당한 것으로 인식시킨다.

한편 오오쿠니누시는 처음부터 마지막까지 여성에 의해 지탱되고 있다고 해도 과언이 아니다. 두 번에 걸친 죽음에서 소생하고 권력자의 힘을 손에 넣는 과정에서 어머니와 여성의 조력이 필요불가결한 요소가 되고 있음을 알 수 있다.

더욱이 오오쿠니누시의 죽음과 재생과 성장에는 남녀의 성적 교섭을 상징하는 원색적인 묘사가 다수 확인된다. 현대적 시각으로는 일견 외설로 치부할 수 있는 내용이지만, 이는 끊임없이 오오쿠니누시에게 재생력과 새로운 힘을 부여하기 위한 방편으로 보인다. 성적 교섭을 통한 새로운 생명으로의 부활이 곳곳에 암시되어 있는 것이다.

박해와 유리[77]

1. 들어가기

이른바 귀종유리담의 이야기 형태를 포함하고 있는 헤이안 시대 작품으로『겐지 모노가타리』가 있다. 히카루 겐지가 스마(須磨) 유배로부터 귀환하여 준태상천황(准太上天皇)의 자리에까지 오르는 구조는 귀종유리담의 전형을 나타내고 있다고 이야기된다. 또한『겐지 모노가타리』에 다각적으로 영향을 끼친『이세 모노가타리』'아즈마쿠다리(東下り)' 단의 이야기도 이와 유사한 구조를 띠고 있다고 알려져 있다. 그런데 실제로 이들의 원형을 추급해 가다 보면 공통점과 더불어 각각 서로 다른『고사기』의 신화에 도달하게 된다. 신화 속에서는 다양한 유리의 용례가 발견되며 사료 안에서도 문학작품으로 성장한 귀종유리담의 원풍경을 찾을 수 있는데, 이들의 유형에서는 적지 않게 상이점이 발견된다.

아스카 시대로부터 헤이안 시대의 역사 자료를 통해서도 '아즈마쿠다리' 이야기를 방불케 하는 사건을 어렵지 않게 발견할 수 있는데, 그것들은 대체로 신화의 세계와도 농후한 관련성을 가지고 있어, 실화의 신화로의 미화 가능성을 짐작하게 한다. 특히 영웅적인 용자의 모습을 지닌 인물이 유리하는 사례가 많고, 신화에 있어서도 유리가 시작되는 부분에서 이야기가 흥미진진해지는 경우가 많다. 예를 들어『고사기』에 있어서 유리의 선구가 되고 있는 인물로

---

77) 본 연구는 앞의 '한·일 신화의 닮은 점, 다른 점'을 심화시킨 것이다.

스사노오노 미코토를 들 수 있는데 스사노오는 아버지 이자나기의 "우나바라(海原)를 통치하라."라는 명령에 따르지 않아 추방을 당하게 된다. 스사노오는 추방에 앞서 누이 아마테라스가 다스리는 다카마노하라(高天の原)로 올라가는데 그곳에서도 난행을 일삼아 또다시 이즈모(出雲)로 추방당하는 등 문헌에 보이는 방랑자의 시조가 된 존재라고 할 수 있다. 그런데 이야기는 추방당한 스사노오가 다카마노하라로 귀환하여 권력을 쟁취하는 내용으로 이어지지는 않는다. 왜냐하면, 앞에서 말한 바와 같이 죄를 범한 그의 추방은 속죄와 깊은 관련이 있기 때문이다. 추방당한 그는 유리를 통해 현지의 세력을 굴복시키고 새로운 국가를 영위하는 장면으로 이야기가 전개된다.

이렇게 신화의 세계에서는 스사노오를 비롯하여 오오쿠니누시나 호오리노 미코토(=야마사치히코), 야마토타케루 등의 인물을 등장시켜 유사한 이야기를 구축하고 있는데, 사실상 유리의 전개 양상에는 여러 가지 상이점이 확인된다. 태생적으로 선량한 신 오오쿠니누시나 호오리노 미코토의 이야기는 유리를 통해서 시련을 극복하여 본디 살던 곳으로 돌아가 과거 자신을 억압했던 형들을 응징하고 권좌에 앉는 이야기 형태를 띠고 있다. 그러나 처음부터 횡포한 인물상을 간직한 스사노오나 야먀토타케루의 이야기에는 성공적인 귀환이나 그에 따른 권력의 쟁취가 마련되어 있지 않다.

즉 귀종유리담을 크게 두 가지 유형으로 분류하면, 유리가 자신이 태어나 살던 본거지의 권력을 장악하기 위하여 절대적으로 필요한 경우와 그렇지 않은 경우가 있다. 만일 『이세 모노가타리』 '아즈마쿠다리' 단에서의 남자의 유리가, 여자를 약탈하는 6단을 발단으로 하고 있다고 상정하면 추방으로 인한 유리이며 스사노오나 야마토타케루의 이야기를 계승하고 있을 가능성이 높다. 한편 『겐지 모노가타리』에 보이는 스마 유배(須磨流謫)는 반드시 추방이라고 단정하기 어려운 측면이 있고, 반대로 박해라고 단정할 수도 없는 복합적인 구조를 띠고 있다. 귀환 후의 전개를 보면 직접 왕위에 오르지는 않지만, 권력을 장악한 사실이 인정되며, 이야기의 제반 요인을 통해 오오쿠니누시나 호오리노 미코토의 이야기 구조를 원형으로 답습하고 있다고 말할 수 있을 것이다. 이처럼 헤이안 시대의 문학작품이 신화를 계승하면서도 신화의 세계와 동일한 형태를 유지하고 있지 않은 이유는, 시대 상황의 변화에 따른 것으로서, 보다 현실적인 감각의 스토리가 요구되었기 때문인 것으로 추측된다.

2. 박해와 유리의 심층

종래의 연구에 있어서는 유리의 원인을 일반적으로 죄과에 의한 것, 다시 말해서 속죄의 행위에 두는 경우가 많았다. 그런데 엄밀히 말해서 죄에 의한 경우는 추방이나 파견으로 이어지는 유리담이며, 그렇지 않은 경우는 죄와 관계없이 박해에 의한 피신의 형태이고 결론적으로는 귀환하여 권력을 장악하는 구조를 띤다. 이를 뒷받침하기 위해서는 유리를 야기한 근본적인 원인, 주인공의 태생적 서열과 성정, 그리고 유리의 과정과 여자의 조력, 유리의 결과 등에 근거하여 유리담의 유형을 명확히 구분할 필요가 있다. 이에 준하여 검토했을 때 대체로 '죄에 의한 추방 혹은 파견형'과 '박해에 의한 피신형' 이렇게 두 가지 형태의 유리담이 성립하는 것으로 파악된다. 여기서는 후자인 박해에 의한 피신형에 초점을 맞춰 상고해 보고자 한다.

이 경우의 대표적인 이야기로 오오쿠니누시와 호오리노 미코토의 유리담을 들 수 있다. 귀종유리담이라는 점에서는 동일하지만 추방과 파견으로 상징되는 스사노오나 야마토타케루의 이야기와는 상당히 다른 전개 양상을 띠고 있다. 권력자인 아버지로 인해 길을 떠나는 스사노오나 야마토타케루와는 달리 오오쿠니누시나 호오리노 미코토는 형제의 박해가 유리의 원인으로 작용하고 있으며, 스사노오나 야마토타케루처럼 난폭한 성정도 확인되지 않는다. 고귀한 태생의 인간이 자신의 죄로 인해 초라한 모습을 하고 원방을 떠돌고 그 고뇌에 의해 죄를 씻는다고 하는 귀종유리담의 전형적인 이야기 형태와는 다소 상이한 양상을 띠고 있는 것이다. 또한, 여행지에서 귀환하여 자신을 박해한 형제를 굴복시키고 권좌에 오르는 이야기 구조도 추방이나 파견의 형태와는 구별된다.

오오쿠니누시는 자신의 의지와는 관계없이 이즈모국에서 이나바국으로 야가미히메를 아내로 삼으려고 떠나는 형제 신들의 짐꾼을 강요당하여 동반하게 된다. 이나바에 도착하기 전에 가죽이 벗겨져 신음하는 흰 토끼를 만나는데, 야소 신들에게 기만당한 흰 토끼를 자애의 마음으로 치유하자 흰 토끼는 야가미히메가 오오쿠니누시의 처가 될 것이라고 예언한다. 그리고 흰 토끼의 예언대로 야가미히메는 오오쿠니누시를 자신의 남편감으로 선택하고 이를 시기한 형제 신들에 의해 박해가 시작된다. 결국에는 두 차례의 죽음을 경험하는데 어머니의 간절한 소원으로 두 번씩이나 목숨을 건진 오오쿠니누시는 어머니의 말에 따라 난을 피하여 도망하게 된다.

본거지를 떠나는 이유가 스사노오나 야마토타케루의 경우와는 다르다. 다시 말해서 주인공은 횡포한 싱격이나 죄로 인해 아비지로부터 추방당하거나 파견되는 것이 아니다. 오오쿠니누시는 본디 욕심이 없고 자비심이 깊은 성격의 소유자로 유리의 직접적인 원인은 형제의 질투에서 시작되고 결국 박해로 발전하여 모살에까지 이르게 되며 그것을 피하여 유리를 선택하게 되는 것이다. 그러나 이 피난은 결과적으로 주인공을 성장시켜 용자로 거듭나게 하는 계기가 된다. 유리를 통해서 힘을 축적한 오오쿠니누시는 고향인 이즈모로 귀환하여 자신을 박해한 야소 신들을 굴복시키고 지배자가 되는 것이다.

여기에서 무엇보다 흥미로운 것은 박해로 인해 본거지를 떠나게 되는 이야기 속의 주인공은 여자의 조력에 의해 전혀 새로운 존재로 거듭나고 있다는 사실이다. 스사노오나 야마토타케루의 이야기 속에도 구시나다히메나 오토타치바나히메의 등장이 확인되지만, 그들이 주인공의 인생에 큰 변화를 가져다주거나 강력한 힘을 부여하는 것은 아니다. 그에 비해 오오쿠니누시가 네노쿠니에서 만난 스세리비메는 능동적으로 오오쿠니누시의 삶에 개입하고 이즈모국으로 귀환하여 권좌를 점하는 데 결정적인 역할을 한다. 오히려 남자 주인공은 무능하리만큼 온순한 성품의 인물상을 나타낸다. 그런데 이 같은 구조는 사실상 권좌의 쟁취를 합리화하기 위한 서술상의 방편이었을 것으로 사료된다. 처음에는 남자에게 자애롭고 선량한 인물상을 부여하여 지배자의 성품을 지니고 있다는 것을 주지시킨다. 그렇지만 적자나 장자가 아닌 이유로 권좌에 오르는 것이 불가능하기 때문에, 형제들을 사욕이 강하여 선량한 주인공을 억압하고 박해하는 존재로 그려 그들이 자비의 지배자로서 부적합하다고 인식시키는 것이다. 그리고 주인공을 그들의 박해로 인해 떠도는 가련한 인물로 묘사한다. 그리고 유리를 통해서 자비의 성정은 그대로 유지하게 하면서 나약한 이미지를 벗게 하여 주인공의 권력 쟁취를 타당한 것으로 부각하려는 의도이다.

그런데 여기에 여자의 힘이 크게 반영되어 있다는 사실이 중요하다. 스세리비메의 경우에는 네노쿠니라는 타계의 권력자인 신 스사노오의 딸로 등장하여 보통 여자와는 다른 영력을 겸비한 존재로 그려지고 있다. 또한 오오쿠니누시는 스사노오가 잠든 사이에 스세리비메를 업고 스사노오의 생명력이 깃든 큰 칼과 활, 그리고 악기인 현금을 가지고 네노쿠니에서 도망하는데, 여기에도 오오쿠니누시에게 지배자로서의 정통성을 부여하려는 의도가 관찰된다. 훔친 칼과 활은 이즈모의 초대 통치자였던 스사노오의 소유물로 정치적 지배의 타당함을 상징하고 현금은 종교적 권위를 상징하는 것으로 오오쿠니누시에게 종교적으로 최고의 권위를 이양했다는 논리를 만드는 것이다. 스사노오가 이즈모에 내려와 야마타노오로치를 퇴치하고 궁정을 조영한 것은 정복에 의한 것이기에 반란으로 정권을 찬탈했다는 비난은 있을 수 없다. 그러나 오오쿠니누시의 경우에는 형들을 제압하고 권력자가 되는 것이므로 모반이나 쿠데타의 비난을 면하기 어렵다. 그렇기 때문에 난의 정당성을 강조하기 위해 위와 같은 내용 전개가 필요한 것이다. 이와 같은 전개 방식은 『겐지 모노가타리』에도 어느 정도 영향을 미치고 있는데, 겐지가 아직 성인식을 치르기 이전 '고마(高麗)의 상인(相人)'에게 관상을 보게 하자 지배자의 상을 하고 있다고 예언하는 장면에서 잘 나타난다. 흰 토끼가 오오쿠니누시에게 야가미히메를 아내로 맞을 것이라고 예언하는 부분과 유사하다면 유시한 설정이다. 흰 토끼가 오키 섬에서 건너왔다는 사실로도 『겐지 모노가타리』에 등장하는 고마인(高麗人)과 중첩되는 소재로서의 상정이 가능하다. 또한, 유리표박을 통해 아카시노키미(明石君)를 만나게 되는 것도 오오쿠니누시가 네노쿠니에서 스세리비메와 만나는 내용과 유사한 구조이다. 물론 아카시노키미의 능력을 부각시키거나 그녀의 초인적인 힘에 의해 겐지가 권력자가 된다는 식의 신화적 표현은 찾아볼 수 없다. 그러나 아카시노키미와의 사이에서 딸을 얻어 그녀를 통해 자신의 정치적 입지를 확고히 한다는 점으로 신화를 대신하고 있다고 볼 수 있다. 이와 같은 묘사가 겐지를 근대적 소설이라고 부르게 한 이유인 것이다.

이렇게 오오쿠니누시의 유리는 '박해-유리-재생-귀환-지배'의 순으로 이야기가 전개되는 것을 알 수 있는데, 스사노오나 야먀토타케루처럼 처음부터 강력한 힘을 소유하고 있는 것이 아니라 유리를 통해서 그리고 여자의 조력에 의해 거듭나고 배양된 힘이 그의 자비로운 품성에 더해져 지배자로서의 타당성을 성취하게 되는 것이다. 여기에는 반드시 적자나 장자를 비롯한 형제들의 억압과 박해가 배경으로 자리하고 있어야 한다.

오오쿠니누시가 천상의 신 즉 아마테라스의 후손에게 국토를 이양한 후 니니기노 미코토가 천상으로부터 강림하여 산의 신인 오오야마쓰미 신(大山津見神)의 둘째 딸 고노하나노사쿠야히메와 결혼하여 세 명의 아들을 얻는데, 세 번째 아들이 호오리노 미코토이다. 이 호오리노 미코토가 니니기노 미코토를 계승하여 권력을 쟁취하게 된다. 여기서도 마찬가지로 주인공은 장자가 아니라 3남이고 선량한 성격의 소유자로 등장하며 장자 호데리노 미코토와의 사이에서 사소한 일로 다툼이 일어나고 완고한 형의 처사로 인해 유리표박하는 신세가 된다. 단, 오오쿠니누시의 이야기와는 달리 형에 의한 박해의 정도가 목숨을 위협할 만큼 심각하지는 않다. 따라서 제압도 적극적인 형태가 아니라 농사지을 물을 공급받지 못하여 곤경에 처한 형이 공격을 해오게 되고, 그때 해신인 와타쓰미 신에게 건네받은 시오미쓰타마와 시오후루타마를 던져 형을 굴복시키는 것이다.

이렇게 호오리노 미코토는 선량한 심성과 빼어난 외모 때문에 유리표박의 땅에서 자신에게 매료된 해신의 딸과 결혼하여 극진한 대접을 받으며 생활한다. 그렇게 해신의 궁에서의 생활이 3년이 되던 어느 날 자신이 고향을 떠나온 일을 생각해 내고는 크게 한숨을 짓는데 이를 염려한 도요타마비메가 해신에게 이 사실을 알리고, 호오리노 미코토는 자신이 형의 낚싯바늘을 잃어버려 형으로부터 핍박당하던 사정을 고하자 이를 들은 해신은 묘책을 일러준다. 묘책이란 형을 궁핍한 상황으로 만들어 어쩔 수 없이 굴복하게 만드는 것인데, 결국, 호오리노 미코토는 해신의 도움으로 아시하라노나카쓰쿠니의 지배자가 되고 해신의 딸에게서 자식을 얻게 된다. 오오쿠니누시가 스세리비메의 도움으로 스사노오의 강력한 힘을 전수받아 그것을 수단으로 하여 상대를 굴복시켜 권력을 획득하게 되는 이야기와 상당 부분 일치한다. 또한, 주인공에게서 난폭한 성정이나 권력을 탐하는 모습을 전혀 찾아볼 수 없다는 점도 유사하다. 그리고 해신의 궁전에서 귀환한 호오리노 미코토가 형을 제압하는 과정도 공격적이거나 난폭하지 않다.

　또 한 가지 주목되는 사실은 『겐지 모노가타리』에서 히카루 겐지가 신하로 강등된 배경에는 이복형인 스자쿠인(당시 동궁)이 존재하며, 중앙에서 쫓겨나 스마, 아카시에서 3년 동안의 유배 생활을 마치고 복귀하는 전개 양상과 아카시노키미를 통해 자식을 얻는 구조도 유사하다는 점이다. 물론 아카시노키미의 아버지 아카시노뉴도에게는 도요타마비메의 아버지인 해신과 같은 능력은 없지만, 히카루 겐지가 스마에서 해상을 수호하는 스미요시의 신에게 소원을 비는 모습이나 복권한 후 소원이 이루어졌다 하여 스미요시 참배를 할 때 아카시노키미가 우연히 그 광경을 지켜보는 구성 등과 연관 지어 생각하면 『겐지 모노가타리』의 스마 유배는 호오리노 미코토의 해신의 궁 방문과 상당 부분 중첩되며, 그 영향 관계를 미루어 짐작할 수 있다.

　호오리노 미코토 이야기의 특징 중 하나가 해신의 궁전이 등장한다는 사실이며, 많은 물고기가 의인화되고 있는 것도 이색적이다. 또한, 해신의 딸과 결혼하여 아들을 얻고 그 아들의 자식 중에 인간의 초대 천황인 진무 천황(神武天皇)이 태어난다는 내용 전개도 독특한 양상을 띠고 있는데, 사실상 여기에는 천황의 광범하고 강대한 지배력을 강조하려는 의도가 암시되어 있다고 볼 수 있다. 천상의 지배자 아마테라스의 후예가 나카쓰쿠니를 정복하여 권력을 이양받고 나아가서 해양을 대표하는 종족마저 섭렵하여 큰 통치자가 된다는 정치적 지배구조가 역력하게 드러나고 있다고 볼 수 있다.

　이상에서 언급한 바와 같이 호오리노 미코토의 유리담에도 오오쿠니누시의 이야기와 마찬가지로 장자가 아닌 선량한 성품의 인물이 주인공으로 등장하고 있다. 그리고 형의 낚싯바늘을 잃어버려 오백 배, 천 배로 변상을 하지만 형으로부터 용납받지 못하여 유리하는 처지에 놓이는 구조이다. 또한, 유리지에서 자신에게 마음을 빼앗긴 여자를 통해 형을 굴복시킬 힘을 부여받아 귀환하여 지배자가 되는 과정이 오오쿠니누시의 이야기 형태와 흡사하다. 그러나 여기에 등장하는 적대 관계의 인물은 형 한 명이며 폭력적인 부분에서도 오오쿠니누시 이야기 속의 야소 신들과 같은 과격함은 나타나 있지 않다. 그렇지만 내용을 통해 탐욕이 강하며 포용심이 없고 동생을 궁지에 몰아넣으려는 비겁한 심성이 확인된다. 종국에는 곤궁에 처하자 공격해 오는 모습을 보이는데 이 부분은 호오리노 미코토에 의한 제압이라는 행위를 정당하게 만드는 요소라고 할 수 있다.

3. 한국의 신화에 나타난 박해와 유리

앞의 '한·일 신화의 닮은 점, 다른 점'에서도 언급한 것처럼, 일본의 유리담과 비교하여 한국의 신화에서는 이상의 유형과 공통되는 부분과 더불어 명확한 상이점이 발견된다. 먼저 공통점으로는 유리하는 자가 적자나 장자가 아니라는 사실이다. 한국의 시조라고 일컬어지는 단군왕검의 탄생에 얽힌 신화에 있어서 부모의 슬하를 떠나 지상으로 내려오는 환웅은 천제석인 환인의 서자이며, 인간의 세계를 탐하여 그것을 안 환인이 천부인과 함께 풍백, 우사, 운사 그리고 3천의 부하를 하사하여 지상으로 내려보낸다. 그 환웅에게서 단군이 태어나는 것이다.

그런데 환웅의 이천(離天)은 유리라고 단정 지을 수 없는 면이 있는 것이 사실이다. 그러나 부모의 슬하를 떠나 이향하는 남자가 적자나 장자가 아니라는 점은 유사점이며, 거기에는 남자 주인공이 지배자가 되기 위하여 필연적으로 부모의 슬하를 떠나지 않으면 안 된다는 전제가 있는 것이다. 즉, 천제석 환인의 서자인 이상 후계자는 될 수 없는 처지라 이천을 선택하는 것이다. 이처럼 이향하는 자가 적자나 장자가 아니라 서자라는 사실도 흥미롭지만, 또 한 가지 매우 흥미로운 사실은 한국의 경우 형제에게 박해를 받아 부모의 슬하를 떠나는 처지에 놓여도 귀환하여 박해했던 형제를 굴복시키고 권력을 장악하는 내용으로 이어지지 않는다는 점이다. 물론 환웅의 경우 박해가 전제된 유리가 아니기 때문에 귀환에 따른 제압의 모습 등이 보이지 않는 것은 당연한 결과라고 볼 수 있다.

그런데 고구려의 건국 신화에서 시조인 동명성왕 주몽은 부여왕 금와의 적자 대소와 신하들에게 박해를 받게 되고, 아들의 생명에 위협을 느낀 어머니 유화의 훈계를 받아들여 도망하는 처지가 된다. 도망의 과정에서 동지를 규합하고 거대한 세력을 만들어 마침내 고구려를 건국하는 것이다. 다시 말해서 거대한 세력을 일으켰지만, 그 세력을 동원하여 부여로 돌아가 자신을 핍박하고 모살하려 했던 대소를 응징하고 지배자가 되는 것이 아니라 유리 끝에 새로운 나라를 건국하는 것이다. 이 점은 일본의 신화와의 큰 차이점이라 할 수 있다. 거기에는 유교의 영향이 농후하게 반영되고 있을 것으로 추측된다. 신화적 요소는 보이지 않으나 백제의 건국 과정을 통해서도 알 수 있는 것처럼, 부여에 있던 주몽의 적자 유리가 성장하여 아버지가 있는 고구려로 도망해 와 태자가 되자, 이후에 태어난 비류와 온조는 아버지의 슬하를 떠나 남하하여 나라를 세운다. 여기에는 박해의 흔적은 보이지 않지만, 자신의 운명적 신분에 역행하지 않고 순응하여 본거지를 떠나 유리하는 구조가 마련되어 있는 것이다.

4. 나오기

대체로 일본 귀종유리담의 형태는 크게 죄에 의해 추방당하거나 파견되는 경우와 형제의 박해로 인해 도주하거나 피신하는 경우로 구분된다. 유리하는 대상이 적자나 장자가 아니라는 점과 유리를 통해 여자와 조우한다는 사실은 유사하지만, 죄에 의해 추방당하거나 파견되는 경우는 그 성격이 난폭하며, 박해로 인해 도주하거나 피신하는 경우는 선량한 성격의 소유자라는 점에서 상이점이 인정된다. 아울러 추방의 경우는 귀환에 따른 권력의 쟁취가 뒤따르지 않지만, 박해에 의한 피신에는 귀환이 준비되어 있으며 형제들을 제압하고 지배자가 된다는 전개 양상을 띠고 있다. 또한, 여자의 역할에도 상당 부분 차이가 있는데, 추방이나 파견의 경우에 비해 형제들의 박해에서 이어지는 유리의 경우 여자는 주인공의 귀환을 돕는 동시에 권좌를 점하게 한다는 부분에서 극명한 차이점이 발견된다.

이렇게 박해의 심층에는 박해하는 자의 무자비와 박해받는 자의 선량함을 명확히 대응시켜 동정을 구하고 유리와 같은 시련을 통하여 지배자로서의 위엄을 갖추게 하여 권좌 장악을 정당화하는 논리가 아로새겨져 있는 것이다. 그런데 헤이안 시대의 모노가타리, 특히 『겐지 모노가타리』에 답습된 유리의 모습은 두 가지 유형이 혼합된 형태를 띠며 신화와 같이 명백한 흑과 백의 논리가 아니라 어디까지나 시대적인 배경과 현실감을 해치지 않는 구성으로 재생산되었다고 말할 수 있다.

한편 한국의 경우, 유리하는 자가 장자나 적자가 아니라는 점과 유리를 통해 여자와 만난다는 점 등은 일본의 그것과 유사하나, 속죄와는 무관하며 박해를 통해 유리하게 되는 경우도 유리에서 돌아와 축적된 힘을 사용하여 자신을 억압하던 자를 응징하고 권력을 쟁취하는 모습이 발견되지 않는다.

민병훈

민병훈은 현재 대전대학교 일본언어문화 전공 교수로 재직하고 있다. 일본의 센슈대학(專修大学)을 졸업하고 동 대학원 문학 연구과에 진학하여 우타모노가타리(歌物語) 연구로 2001년 박사 학위를 취득했다(문부성 국비 장학생).

박사 과정 중에 집필한 논문 「『伊勢物語』六段の「あくたがはといふ河」考ー地史的視点からー」가 『国語と国文学』에 게재되었다. 저서로 『歌物語の淵源と享受』, 『일본의 신화와 고대』(역서), 『出雲文化圏と東アジア』(공저), 『한 권으로 읽는 일본 문학사』, 『이세 모노가타리』(역서), 『다케토리 이야기』(역서), 『야마토 모노가타리』(역서), 『わかる日本文化』(공저, 외국어 고등학교 국정교과서), 『일본어 독해와 작문 I, II』(공저, 고등학교 인정교과서) 등이 있으며, 최근의 연구로 「다자이후와 탕치의 고장 쓰쿠시-나라, 헤이안 문학을 중심으로-」 등 다수의 논문이 있다.

일본 신화 이야기

초판인쇄 2020년 8월 30일
초판발행 2020년 8월 30일

지은이 민병훈
펴낸이 채종준
펴낸곳 한국학술정보㈜
주소 경기도 파주시 회동길 230(문발동)
전화 031) 908-3181(대표)
팩스 031) 908-3189
홈페이지 http://ebook.kstudy.com
전자우편 출판사업부 publish@kstudy.com
등록 제일산-115호(2000. 6. 19)

ISBN 979-11-6603-058-1 93910